经济法概论习题集

（第二版）

焦 娇 ◎ 主编

JINGJIFA GAILUN
XITI JI

復旦大學 出版社

编委会

主　　编 焦　娇

副 主 编 袁　静　余琳琳

参编人员 （以姓氏笔画为序）

　　　　　　任　虎　张玉莲

　　　　　　李炳金　姚　晔

编写说明

本习题集在第一版的基础上进行了全面的修订，是专门为复旦大学出版社出版的教材《经济法概论》进行配套的教学辅助资料，用于教材自学或检测相关知识点的掌握情况。本习题集主要包含填空题、单项选择题、多项选择题、判断题、名词解释、简答题、论述题和案例分析题等题型，难度设计遵循由浅入深的原则，希望可以更好地帮助学习者掌握教材的相关内容。值得一提的是，在以在线学习为主的今天，填空题已经很少被各类考试所采用，本习题集保留这种题型的目的是为了强调重点学习内容，并加深印象。

习题集一共分为五编。第一编是导论。主要涉及经济法的一些基本理论问题，包括经济法的产生，经济法的定义、调整范围、本质，经济法律关系以及经济诉讼和经济仲裁法律制度的内容。第二编是经济组织法律制度。主要包括公司、合伙企业、个人独资企业法律制度的内容。第三编是市场运行法律制度。在此编中，针对非法学类文科专业学生的特点和要求，选择了合同法律制度、金融法律制度、消费者权益保护法律制度、反不正当竞争法律制度、反垄断法律制度、产品质量法律制度、商标法律制度、专利法律制度、广告法律制度、对外贸易法律制度等方面的内容。第四编是宏观调控法律制度。主要包括税收、会计、审计、环境保护、自然资源保护法律制度的内容。第五编是社会保障法律制度。主要包括社会保障法律制度概述、社会保险、社会福利以及劳动和劳动合同法律制度的内容。

本习题集原来的编写者为焦娇、张春丽和张兵。本次修订主要分工如下：焦娇负责修订第一编第一章、第二章和第二编第一章；余琳琳负责修订第二编第二章、第三章和第三编第二章、第四章、第七章；袁静负责修订第一编第三章、第三编第十章和第四编第一章、第二章、第三章；任虎负责编写和修订第三编第六章、第八章、第九章、第十一章和第四编第四章、第五章；张玉莲负责编写和修订第五编；姚晔负责修订第三编第一章、第五章；李炳金负责修订第三编第三章。

焦 娇

2022 年 7 月

目 录

第一编 导 论

第一章 经济法的概念、本质和地位 2
    一、填空题 2
    二、单项选择题 2
    三、多项选择题 3
    四、判断题 3
    五、名词解释 4
    六、简答题 4
    七、论述题 4
    参考答案 4

第二章 经济法律关系 7
    一、填空题 7
    二、单项选择题 7
    三、多项选择题 8
    四、判断题 8
    五、名词解释 8
    六、简答题 9
    七、论述题 9
    参考答案 9

第三章 经济诉讼与经济仲裁 12
    一、填空题 12
    二、单项选择题 13
    三、多项选择题 14
    四、判断题 15
    五、名词解释 16

六、简答题 ………………………………………………………… 16
七、论述题 ………………………………………………………… 16
八、案例分析题 …………………………………………………… 16
参考答案 …………………………………………………………… 16

第二编　经济组织法律制度

第一章　公司法律制度 ……………………………………………… 22
　　一、填空题 ………………………………………………………… 22
　　二、单项选择题 …………………………………………………… 23
　　三、多项选择题 …………………………………………………… 24
　　四、判断题 ………………………………………………………… 25
　　五、名词解释 ……………………………………………………… 26
　　六、简答题 ………………………………………………………… 26
　　七、论述题 ………………………………………………………… 26
　　八、案例分析题 …………………………………………………… 27
　　参考答案 …………………………………………………………… 28

第二章　合伙企业法 ………………………………………………… 32
　　一、填空题 ………………………………………………………… 32
　　二、单项选择题 …………………………………………………… 32
　　三、多项选择题 …………………………………………………… 34
　　四、判断题 ………………………………………………………… 35
　　五、名词解释 ……………………………………………………… 35
　　六、简答题 ………………………………………………………… 35
　　七、论述题 ………………………………………………………… 36
　　八、案例分析题 …………………………………………………… 36
　　参考答案 …………………………………………………………… 36

第三章　个人独资企业法律制度 …………………………………… 39
　　一、填空题 ………………………………………………………… 39
　　二、单项选择题 …………………………………………………… 39
　　三、多项选择题 …………………………………………………… 40
　　四、判断题 ………………………………………………………… 40
　　五、名词解释 ……………………………………………………… 40
　　六、简答题 ………………………………………………………… 40
　　七、论述题 ………………………………………………………… 40

八、案例分析题 …………………………………………………………… 40
　　参考答案 …………………………………………………………………… 41

第三编　市场运行法律制度

第一章　合同法律制度 …………………………………………………… 44
　　一、填空题 ………………………………………………………………… 44
　　二、单项选择题 …………………………………………………………… 45
　　三、多项选择题 …………………………………………………………… 45
　　四、判断题 ………………………………………………………………… 46
　　五、名词解释 ……………………………………………………………… 46
　　六、简答题 ………………………………………………………………… 46
　　七、论述题 ………………………………………………………………… 47
　　八、案例分析题 …………………………………………………………… 47
　　参考答案 …………………………………………………………………… 47

第二章　担保法律制度 …………………………………………………… 52
　　一、填空题 ………………………………………………………………… 52
　　二、单项选择题 …………………………………………………………… 52
　　三、多项选择题 …………………………………………………………… 53
　　四、判断题 ………………………………………………………………… 54
　　五、名词解释 ……………………………………………………………… 55
　　六、简答题 ………………………………………………………………… 55
　　七、论述题 ………………………………………………………………… 55
　　八、案例分析题 …………………………………………………………… 55
　　参考答案 …………………………………………………………………… 55

第三章　金融法律制度 …………………………………………………… 58
　　一、填空题 ………………………………………………………………… 58
　　二、单项选择题 …………………………………………………………… 58
　　三、多项选题 ……………………………………………………………… 60
　　四、判断题 ………………………………………………………………… 61
　　五、名词解释 ……………………………………………………………… 62
　　六、简答题 ………………………………………………………………… 62
　　七、论述题 ………………………………………………………………… 62
　　八、案例分析题 …………………………………………………………… 62
　　参考答案 …………………………………………………………………… 63

第四章　消费者权益保护法律制度 ··· 66
   一、填空题 ··· 66
   二、单项选择题 ·· 67
   三、多项选择题 ·· 67
   四、判断题 ··· 69
   五、名词解释 ·· 69
   六、简答题 ··· 69
   七、论述题 ··· 69
   八、案例分析题 ·· 69
   参考答案 ··· 70

第五章　反不正当竞争法律制度 ·· 73
   一、填空题 ··· 73
   二、单项选择题 ·· 73
   三、多项选择题 ·· 74
   四、判断题 ··· 74
   五、名词解释 ·· 74
   六、简答题 ··· 75
   七、论述题 ··· 75
   八、案例分析题 ·· 75
   参考答案 ··· 75

第六章　反垄断法律制度 ·· 80
   一、填空题 ··· 80
   二、单项选择题 ·· 80
   三、多项选择题 ·· 81
   四、名词解释 ·· 82
   五、简答题 ··· 83
   六、论述题 ··· 83
   参考答案 ··· 83

第七章　产品质量法律制度 ··· 86
   一、填空题 ··· 86
   二、单项选择题 ·· 86
   三、多项选择题 ·· 87
   四、判断题 ··· 88
   五、名词解释 ·· 89

六、简答题 … 89
　　七、论述题 … 89
　　八、案例分析题 … 89
　　参考答案 … 89

第八章　商标法律制度 … 92
　　一、填空题 … 92
　　二、单项选择题 … 92
　　三、多项选择题 … 93
　　四、名词解释 … 94
　　五、简答题 … 95
　　六、论述题 … 95
　　参考答案 … 95

第九章　专利法律制度 … 98
　　一、填空题 … 98
　　二、单项选择题 … 98
　　三、多项选择题 … 99
　　四、名词解释 … 100
　　五、简答题 … 101
　　六、论述题 … 101
　　参考答案 … 101

第十章　广告法律制度 … 104
　　一、填空题 … 104
　　二、单项选择题 … 104
　　三、多项选择题 … 105
　　四、判断题 … 106
　　五、名词解释 … 106
　　六、简答题 … 106
　　七、论述题 … 106
　　参考答案 … 106

第十一章　对外贸易法律制度 … 109
　　一、填空题 … 109
　　二、单项选择题 … 109
　　三、多项选择题 … 110

  四、名词解释 ·· 111
  五、简答题 ·· 111
  六、论述题 ·· 111
  参考答案 ··· 111

第四编　宏观调控法律制度

第一章　税收法律制度 ·· 116
  一、填空题 ·· 116
  二、单项选择题 ··· 117
  三、多项选择题 ··· 118
  四、判断题 ·· 119
  五、名词解释 ·· 119
  六、简答题 ·· 120
  七、论述题 ·· 120
  八、案例分析题 ··· 120
  参考答案 ··· 121

第二章　会计法律制度 ·· 126
  一、填空题 ·· 126
  二、单项选择题 ··· 126
  三、多项选择题 ··· 127
  四、判断题 ·· 128
  五、名词解释 ·· 128
  六、简答题 ·· 128
  七、论述题 ·· 128
  八、案例分析题 ··· 128
  参考答案 ··· 129

第三章　审计法律制度 ·· 133
  一、填空题 ·· 133
  二、单项选择题 ··· 133
  三、多项选择题 ··· 134
  四、判断题 ·· 135
  五、名词解释 ·· 135
  六、简答题 ·· 135
  七、论述题 ·· 135

参考答案 ……………………………………………………………… 136

第四章　环境保护法律制度 ……………………………………………… 139
　　一、填空题 ……………………………………………………………… 139
　　二、单项选择题 ………………………………………………………… 139
　　三、多项选择题 ………………………………………………………… 140
　　四、名词解释 …………………………………………………………… 141
　　五、简答题 ……………………………………………………………… 141
　　六、论述题 ……………………………………………………………… 141
　　参考答案 ………………………………………………………………… 141

第五章　自然资源保护法律制度 …………………………………………… 144
　　一、填空题 ……………………………………………………………… 144
　　二、单项选择题 ………………………………………………………… 144
　　三、多项选择题 ………………………………………………………… 145
　　四、名词解释 …………………………………………………………… 145
　　五、简答题 ……………………………………………………………… 146
　　六、论述题 ……………………………………………………………… 146
　　参考答案 ………………………………………………………………… 146

第五编　社会保障法律制度

第一章　概述 ………………………………………………………………… 150
　　一、填空题 ……………………………………………………………… 150
　　二、单项选择题 ………………………………………………………… 150
　　三、多项选择题 ………………………………………………………… 151
　　四、判断题 ……………………………………………………………… 152
　　五、名词解释 …………………………………………………………… 153
　　六、简答题 ……………………………………………………………… 153
　　七、论述题 ……………………………………………………………… 153
　　参考答案 ………………………………………………………………… 153

第二章　社会保险法律制度 ………………………………………………… 156
　　一、填空题 ……………………………………………………………… 156
　　二、单项选择题 ………………………………………………………… 157
　　三、多项选择题 ………………………………………………………… 158
　　四、判断题 ……………………………………………………………… 159

五、名词解释 160
　　六、简答题 160
　　七、论述题 160
　　八、案例分析题 160
　　参考答案 162

第三章　社会福利制度 167
　　一、填空题 167
　　二、单项选择题 167
　　三、多项选择题 168
　　四、判断题 169
　　五、名词解释 170
　　六、简答题 170
　　七、论述题 170
　　参考答案 171

第四章　劳动和劳动合同法律制度 174
　　一、填空题 174
　　二、单项选择题 174
　　三、多项选择题 175
　　四、判断题 177
　　五、名词解释 177
　　六、简答题 178
　　七、论述题 178
　　八、案例分析题 178
　　参考答案 179

第一编

导　论

第一章
经济法的概念、本质和地位

本章知识重点提示
- 经济法的定义
- 经济法产生的历史必然性
- 经济法的调整对象
- 经济法的本质、地位及重要性

一、填空题

1. 一般认为经济法最早产生于_____，产生时间大约是_____。
2. 资本主义经济法从产生到发展经历了三个发展阶段，分别是：_____、_____和_____。
3. 世界上唯一一部经济法典是_____于_____年颁布的，其在经济法的发展史上开创了一个历史性纪录。
4. 经济法调整的对象是_____，它主要指在社会生产和再生产过程中，以各类组织为基本主体所参加的_____和一定范围的_____。
5. 我国经济法所调整的经济关系的种类包括_____、_____、_____、_____。
6. 我国经济法的渊源包括_____、_____、_____、_____、_____。

二、单项选择题

1. 经济法是调整（   ）的法律规范的总称。
   A. 经济关系　　　　　　　　　B. 国民经济管理关系
   C. 经营协调关系　　　　　　　D. 一定范围的经济关系
2. 准确了解"经济法"这一概念的关键在于（   ）。
   A. 明确经济法的特定调整对象　　B. 明确经济法的体系与渊源
   C. 明确经济法的制定与实施　　　D. 明确经济法的主体
3. 下列社会关系中，属于经济法调整对象的是（   ）。
   A. 人身关系
   B. 财产继承关系
   C. 国家协调国民经济运行中发生的经济关系

D. 民法、行政法等法律部门所调整的各种经济关系

4. 经济法之所以是一个独立的法律部门，是因为（　　）。
A. 经济法的调整方法具有特殊性　　B. 经济法的主体具有特殊性
C. 经济法具有特定的调整对象　　　D. 经济法具有单一的调整对象

5. 经济法最早产生在 20 世纪的（　　）。
A. 英国　　　　B. 法国　　　　C. 德国　　　　D. 美国

6. "经济法"这个概念是由（　　）空想共产主义学者摩莱里在 1755 年的《自然法典》一书中首先提出来的。
A. 英国　　　　B. 法国　　　　C. 德国　　　　D. 美国

三、多项选择题

1. 经济法与其他法律部门相比较，除具备一般法律的基本特征外，还有自己的特征，主要包括（　　）。
A. 物质性　　　B. 经济性　　　C. 综合性　　　D. 指导性

2. 经济法的本质主要体现在（　　）。
A. 以效率为第一原则　　　　　　B. 以社会利益为本位
C. 是利益和资源的分配法　　　　D. 是关于经济发展的法律

3. 在我国，经济法的重要作用主要表现在（　　）。
A. 促进以公有制为主体的多种所有制经济的发展
B. 保障经济体制改革的顺利进行
C. 保证国民经济持续、快速和健康的发展
D. 保障国民经济持续、健康的发展

4. （　　）是我国经济法的基本原则。
A. 适当干预原则　　　　　　　　B. 完全干预原则
C. 合理竞争原则　　　　　　　　D. 完全竞争原则

5. 经济法与行政法的相同之处主要表现在（　　）。
A. 都体现国家对社会生活的干预和管理
B. 调整的社会关系都具有隶属性
C. 都采取命令与服从的办法调整社会关系
D. 组织行政关系与经济行政关系相互作用

6. 经济法合理竞争原则包括的内容有（　　）。
A. 充分竞争　　　　　　　　　　B. 完全竞争
C. 有序竞争　　　　　　　　　　D. 有效竞争

四、判断题

1. 经济法的调整对象是经济关系。　　　　　　　　　　　　　　　　　　　（　　）

2. 市场运行协调关系是指国家在建设和完善市场体系、规范市场行为和维护市场秩序中产生的经济关系。（　　）

3. "经济法"这个概念是法国空想共产者德萨米在 1842 年出版的《公有法典》一书中首先提出来的。　　　　　　　　　　　　　　　　　　　　　　　　　　　　　　（　　）

五、名词解释

1. 中国经济法
2. 经济关系

六、简答题

1. 简述经济法与行政法的联系与区别。
2. 简述经济法与民法的联系与区别。

七、论述题

试述经济法的调整对象。

参 考 答 案

一、填空题

1. 德国　19世纪末20世纪初
2. 战备经济法或经济统制法阶段　危机对策法阶段　复兴经济法阶段
3. 捷克斯洛伐克　1964
4. 一定范围的经济关系　经济管理关系　经营协调关系
5. 国家经济管理关系　经营协调关系　组织内部经济关系　涉外经济关系　其他应由经济法调整的经济关系
6. 宪法　法律　行政法规　地方性法规　管理规章　最高人民法院的司法解释　国际条约和协定

二、单项选择题

1. D　2. A　3. C　4. C　5. C　6. B

三、多项选择题

1. BCD　2. BCD　3. ABCD　4. AC　5. ABCD　6. CD

四、判断题

1. 错误　2. 正确　3. 错误

五、名词解释

1. 中国经济法：是指调整国家协调和干预本国经济运行过程中发生的经济关系的法律规范的总称。
2. 经济关系：是指在物质资料的生产过程以及与其相适应的交换、分配、消费过程中产生的人与人的物质利益关系。

六、简答题

1. 简述经济法与行政法的联系与区别。
答：经济法与行政法的联系：经济法所调整的经济管理关系中有许多具有行政管理的性质，对其进行调整时也常常采用行政手段，与行政法中的行政管理关系的性质及调整手段是一致的。

经济法与行政法的区别在于：

第一，二者的调整对象不同。经济法所调整的经济管理关系本质上是一种物质利益关系，不是单纯的行政管理关系。

第二，二者的主体地位不同。经济管理法律关系中主体的地位及它们之间的权利义务的联结状态与行政法律关系不同，其虽有上下层次之分，但彼此都互为权利主体和义务主体；在行政法律关系中，往往是一方为权利主体，另一方为义务主体。

第三，二者的调整原则不同。经济法律关系中的经济行为和经济活动往往追求一定的经济利益和经济效益，对其进行调整的原则是对经济规律的服从和适应；行政活动追求的却是工作效率，调整此类活动的原则主要是对上级或长官意志的服从。

第四，二者的调整手段不同。经济法调整经济法律关系的手段具有综合的性质，既运用经济手段进行调整，也运用行政的、刑事的、民事的手段进行调整；行政法则运用单一的行政手段进行调整。

第五，二者的法律责任不尽相同。违反经济法的规定，违反者可能会承担经济的、行政的、民事的及刑事方面的责任；违反行政法的规定，违法者则主要承担行政责任。

2. 简述经济法与民法的联系与区别。

答：经济法与民法的联系：二者之间有着十分密切的联系。两者都调整经济关系；民法对经济法的产生和形成有重大的影响，民法的许多概念、制度和原则都为经济法所运用；经济法的主旨思想与理论观点也对民法的发展起着促进作用；在横向经济关系领域内，二者经常相互交错，配合调整。

经济法与民法的主要区别：

第一，二者的调整范围不同。既有重合，也有基本区别。经济法调整以生产经营管理为中心所发生的经济关系，此类经济关系既包括横向的经济关系，也包括纵向的经济关系；民法调整的是以交换为中心所发生的财产关系，此类经济关系仅仅是指横向的经济关系。另外，民法除了调整社会中横向发生的经济关系以外，还调整平等主体间的人身关系，对于此类人身关系，经济法并不调整。

第二，二者的主体构成不同。经济法的主体比民法的主体范围更为广泛，包括自然人、法人，也包括不具有法人资格的其他组织和内部组织；民法的主体主要是自然人和法人两类；经济法的主体，除了平等主体外，还包括地位不平等的主体；民法的主体仅仅是指处于平等地位的主体，不包括不平等主体。

第三，二者的主旨思想不同。经济法的主旨思想主要是社会责任本位思想，注重整个社会的整体利益；民法的主旨思想主要是个人权利本位，强调的是对个体财产的保护和个体的人身权利。

第四，二者的调整手段不同。经济法的调整手段具有综合性，既采用民事手段，也采用行政的、刑事的手段进行综合调整；民法采用的调整手段主要是民事手段。

七、论述题

试述经济法的调整对象。

答：经济法是对市场经济关系进行整体、系统、全面、综合调整的一个法律部门。它以一定范围的经济关系作为自己的调整对象，在保护微观经济利益的同时，更加注重社会整体的经济利益。属于经济法调整的经济关系主要包括社会生产和再生产过程中,以各类组织为基本主体所参加的经济管理关系和经营协调关系。根据教材的观点,经济法的调整对象主要表现为宏观经济调控关系、市场运行协调关系、市场主体调控关系、社会经济保障关系。

(1) 宏观经济调控关系是指国家对国民经济总体活动和有关国计民生的重大因素,实行全局性协调、干预所产生的经济关系。任何市场都存在因自发调节不能解决的长远的、全局的、社会公共利益的问题,只能由国家调整。我国是个社会主义大国,人多地广,发展也不平衡,国家的宏观调控更为必要。

(2) 市场运行协调关系是指国家在建设和完善市场体系、规范市场行为、维护市场秩序中产生的经济关系,我国经济体制改革的目标是建立和完善社会主义市场经济体制,而市场经济运行过程中必然产生多种经济关系,影响和制约市场经济的健康发展。为了保证市场经济良性有序的发展,国家必须通过法律手段进行监督和管理,协调其中的各种经济关系。

(3) 市场主体调控关系是指国家对各类市场主体,特别是企业的设立、变更、终止及内部管理进行协调、干预而产生的经济关系。社会主义市场经济需要建立活跃的市场主体体系,其中,企业是最为重要的主体。

(4) 社会经济保障关系是指在对作为劳动力资源的劳动者实行社会保障过程中发生的经济关系。建立健全社会保障体系是社会主义市场经济发展的客观必然。

以上种类经济关系构成了经济法调整对象的统一体,调整各类经济关系的法律规范分别组成了各个部门经济法,进而组合成一个有着内在有机联系的法的统一体,这个统一体就是经济法。

第二章
经济法律关系

本章知识重点提示
- 经济法律关系的概念
- 经济法律关系的构成

一、填空题

1. 经济法律关系的构成要素包括_____、_____和内容三个方面,其中,经济法律关系的内容主要是指_____和_____。
2. 经济法律事实按其与经济法主体自觉意志的联系可以分为_____和_____两大类。
3. 经济法主体制度具有_____和_____的特点。

二、单项选择题

1. 经济法的主要主体是(　　)。
   A. 国家机关　　　　　　　　B. 社会组织
   C. 企业内部组织　　　　　　D. 公民个人
2. 经济法律关系的实体内容是(　　)。
   A. 主体　　　B. 客体　　　C. 内容　　　D. 权利义务
3. 经济法律关系是受国家经济法律确认和调整的,由国家强制力保障实施的,具有(　　)内容的社会关系。
   A. 经济权利和经济义务　　　B. 经济制度与经济权利
   C. 经济职责与经济义务　　　D. 经济政策与规章制度
4. 经济权利是指经济法主体依法具有自己为或不为一定行为,及要求义务人为或不为一定行为的一种(　　)。
   A. 责任　　　B. 要求　　　C. 事实　　　D. 资格或许可
5. 经济法律关系主体范围是由经济法(　　)决定的。
   A. 调整方法　　　　　　　　B. 调整手段
   C. 调整对象的范围　　　　　D. 性质
6. 经济法律关系三要素中,经济法律关系的核心是(　　)。
   A. 经济法律关系的主体　　　B. 经济法律关系的客体
   C. 经济法律关系的内容　　　D. 经济法律关系的主体和客体

7. 经济法律关系主体的权利义务所指向的对象是（　　）。
　　A. 主体　　　　　B. 内容　　　　　C. 客体　　　　　D. 经济法律事实
8. 下列各项中，表述正确的是（　　）。
　　A. 违反经济法可能要承担民事责任、行政责任和刑事责任
　　B. 违反经济法不可能承担刑事责任
　　C. 违反经济法只能追究个人责任，不能追究单位或组织的责任
　　D. 违反经济法只承担经济责任

三、多项选择题

1. 经济法律关系的特征包括（　　）。
　　A. 具有国家意志性　　　　　　　B. 对经济关系有巨大的促进作用
　　C. 以经济权利和经济义务为内容　　D. 由国家强制力保证实施
2. 经济法律关系的客体有（　　）。
　　A. 经济义务　　　B. 财物　　　C. 经济行为　　　D. 智力成果
3. 下列各项中，可以成为经济法律关系客体的有（　　）。
　　A. 美元　　　　　B. 专利权　　　C. 能源　　　　　D. 自然人
4. 下列关于经济法律关系的表述中，正确的是（　　）。
　　A. 经济法律关系是通过物而形成的物质利益关系，属于经济基础范畴
　　B. 经济法律关系是作为经济法调整对象的特定经济关系在法律上的反映
　　C. 经济法律关系是根据经济法的规定而发生的权利义务关系
　　D. 经济法律关系是通过人们的意识而发生的思想意志关系，属于上层建筑的范畴
5. 经济权利是指经济法主体在国家协调经济运行过程中依法具有的（　　）资格。
　　A. 自己可以为一定行为　　　　　B. 自己可以不为一定行为
　　C. 自己必须为一定行为　　　　　D. 要求他人为或不为一定行为
6. 经济法律事实中的行为包括（　　）等。
　　A. 国家管理机关的行政执法行为　　B. 司法机关的司法行为
　　C. 仲裁机构的仲裁行为　　　　　　D. 社会组织和其他经济实体的经济行为

四、判断题

1. 经济法的主体范围具有多样性的特征，凡可以成为经济法主体者，也可以成为民法的主体。（　　）
2. 作为经济法主体的国家，在经济法律关系中总是处于管理者或监督者的地位。（　　）
3. 经济法律关系主体可以是双方互负权利义务，也可以是一方只享有权利，另一方只承担义务。（　　）
4. 经济组织的机构不能成为经济法律关系的主体。（　　）
5. 经济法律行为都是合法行为。（　　）

五、名词解释

1. 经济法律关系
2. 经济法主体

3. 经济法律关系客体
4. 经济法律行为

六、简答题

1. 简述经济法律行为的构成要件。
2. 简述经济权利的种类。
3. 简述我国经济法主体的种类。
4. 简述经济法律关系客体的种类。

七、论述题

试述经济关系与经济法律关系的联系与区别。

参 考 答 案

一、填空题

1. 主体　客体　经济权利　经济义务
2. 事件　行为
3. 多样性　层次性

二、单项选择题

1. B　2. D　3. A　4. D　5. C　6. C　7. C　8. A

三、多项选择题

1. ABCD　2. BCD　3. ABC　4. BCD　5. ABD　6. ABCD

四、判断题

1. 错误　2. 错误　3. 正确　4. 错误　5. 正确

五、名词解释

1. 经济法律关系：是指自然人、法人和非法人组织在参加经济管理过程中和经营协调活动中发生的，由经济法律、法规确认和调整的，并由国家强制力保证其存在和运行的经济权利、经济义务相统一的关系。

2. 经济法主体：经济法主体即经济法律关系主体，是指参加经济法律关系，依法享有经济权利和承担经济义务的组织和个人。

3. 经济法律关系客体：是指经济法主体的权利和义务共同指向的对象和目的，是经济法主体通过经济法律关系所追求的目标。

4. 经济法律行为：是指能够引起经济法律关系产生并依法运行的最主要的经济行为。经济法律行为仅指合法的经济行为，不包括经济违法行为。

六、简答题

1. 简述经济法律行为的构成要件。
答：经济法律行为仅指合法的经济行为，不包括经济违法行为，它由下列要件构成：

第一,行为者有合法的主体资格;

第二,行为者的意思表示真实;

第三,拟定的经济法律关系内容合法;

第四,有必要的形式和手续。

2. 简述经济权利的种类

答:经济权利的种类主要有:

第一,财产权,包括对财产的所有权、使用权、占有权、支配权和收益权等;

第二,经营管理权,主要是指企业或组织对人事、劳动、组织机构、企业运营等方面的管理权;

第三,经济职权,即国家机关、社会组织在管理经济活动中所依法享有的与本身职务相连的一种特殊的经济权利;

第四,债权,即经济活动中特定的主体之间所产生的权利和义务关系;

第五,知识产权,包括商标权、专利权等;

第六,其他权利,包括股权、股东权、监督权、会计账簿查阅权等。

3. 简述我国经济法主体的种类

答:我国经济法主体的种类具有多样性和多层次性的特点,主要包括:

第一,国家机关。国家机关又包括国家权力机关和国家管理机关。

第二,社会组织(包括法人组织和非法人组织)。作为经济法主体的社会组织是经济法主体中最广泛、最基本的一类,主要是指具有独立地位,实行独立核算或独立预算,从事经营、管理活动的组织(企业)、农村经济组织、社会团体等组织。

第三,个体工商户、农村承包经营户和自然人。

第四,国家。一般情况下,国家不作为经济法律关系的主体出现,只有在个别特殊情况下,国家才以主体资格出现。

4. 简述经济法律关系客体的种类。

答:经济法律关系的客体主要有以下四类:

第一,物。是指经济法主体能够控制、支配的,经济法律允许其进入经济法律关系运行过程的,具有一定的经济价值和实物形态的物品,以及可以充当一般等价物的货币和有价证券。

第二,行为。是指经济主体通过经济法律关系进行一定的经济活动,以达到一定的经济效益或效用目的的行为。经济行为客体可分为实现经济任务或指标、完成工作及履行劳务等。

第三,智力成果。作为经济法律关系客体的智力成果必须具备以下条件:要有一定的载体,要有一定的现实经济价值,要经专门的经济法律、法规确认。商标、专利发明、技术改进方案、经济信息及生产经营标记等都是经济法律关系的客体。

第四,其他权利。在现实经济生活中,当某种权利成为另一种权利的对象时,该权利就成为经济法律关系的客体,比如土地使用权的客体是土地,但是当土地使用权在土地出让和转让法律关系中成为这一法律关系指向的对象时,土地使用权就成了客体。

七、论述题

试述经济关系与经济法律关系的联系与区别。

答:经济关系是指在一定的生产方式基础上所产生的生产、交换、分配、消费等各种关系的总称。经济关系的存在和运行是不以人的意志为转移的,也不以法而转移,在没有法及法制不完备的社会里,经济照常发生和运行。

经济法律关系是指自然人、法人或非法人组织在参加经济管理过程中和经营协调活动中发生的,由经济法律、法规确认和调整的,并由国家强制力保证其存在和运行的经济权利、经济义务相统一的关系。

二者的联系体现在:经济关系是经济法律关系的客观物质基础,经济法律关系对经济关系起着巨大的反作用。

二者的区别体现在:

(1) 产生和消亡的时间不同。经济关系随着人类社会的产生而产生,与人类社会共始终;经济法律关系是经济关系的法律化,是经济关系上升到法律关系的结果,随着法的消亡而消亡。

(2) 体现的意志不同。经济关系的存在和运行不以人们的意志为转移,也不以法而转移;经济法律关系具有很强的国家意志性,体现为国家意志干预的那部分社会经济关系。

(3) 性质不同。经济关系决定法的产生,具有原生性和客观性,属于第一性的东西;经济法律关系具有意志性和派生性,属于第二性的东西。

(4) 内容不同。经济关系是人们在经济生活中形成的社会关系,内容表现为经济活动,涉及经济、财产等内容;经济法律关系的内容则表现为经济权利和经济义务。

(5) 强制程度不同。经济关系不具有强制性,而经济法律关系常常具有强制性。

第三章
经济诉讼与经济仲裁

本章知识重点提示
- 诉讼的概念
- 诉讼法的基本原则
- 民事诉讼的基本制度
- 民事诉讼参加人
- 民事诉讼程序
- 仲裁的概念
- 仲裁法的基本原则和基本制度
- 仲裁协议的类型
- 仲裁协议的效力及其无效情形
- 仲裁条款的独立性
- 申请撤销仲裁裁决的条件和理由

一、填空题

1. 现代意义上的诉讼,是指国家司法机关在_____和_____的参加下,依照法定的诉讼程序,解决具体争讼的全部活动。
2. _____统一行使审判权,_____统一行使检察权。
3. 诉讼法规定,各民族公民有权使用_____进行诉讼。
4. 人民法院审理民事案件,应当根据_____和_____的原则进行调解。
5. 当事人有权在法律规定的范围内处分自己的_____和_____。
6. 审判管辖包括_____管辖、_____管辖、_____管辖、_____管辖和_____管辖。
7. 合议庭的组成人数为_____数,评议案件实行_____的原则。
8. 人民法院应当在立案之日起_____日内将起诉状副本发送被告。
9. 人民法院审理民事案件,应当在开庭_____日前通知当事人和其他诉讼参与人。
10. 适用简易程序审理民事案件的,仅限于_____和_____。
11. 平等主体的公民、法人和其他组织之间发生的_____和_____,可以仲裁。
12. 仲裁协议独立存在,合同的变更、解除、终止或者无效,_____仲裁协议的效力。
13. 当事人申请仲裁后,_____自行和解。

14. 当事人提出撤销仲裁裁决申请的,必须向仲裁委员会所在地的_____提出。
15. 仲裁庭可以由_____名仲裁员或_____名仲裁员组成。

二、单项选择题

1. (　　)是指发生争议的双方当事人,根据其在争议发生前或争议发生后所达成的协议,自愿将该争议提交中立的第三者进行裁判的争议解决方式。
   A. 诉讼　　　　B. 调解　　　　C. 仲裁　　　　D. 和解
2. 仲裁裁决的撤销必须向管辖权的(　　)提出。
   A. 作出裁决的仲裁委员会　　　　B. 地方政府
   C. 中级人民法院　　　　　　　　D. 最高人民法院
3. 根据我国仲裁法的规定,仲裁以(　　)开庭为原则。
   A. 公开　　　　　　　　　　　　B. 不公开
   C. 公开和不公开皆可　　　　　　D. 当事人自愿
4. 根据我国仲裁法的规定,在有关仲裁裁决的执行过程中,一方当事人申请执行裁决,另一方当事人申请撤销裁决的,人民法院应当裁定(　　)。
   A. 执行裁决　　B. 撤销裁决　　C. 终结执行　　D. 终止执行
5. 我国民事诉讼中,在一般地域管辖上采用的原则是(　　)
   A. 原告就被告　B. 被告就原告　C. 原告选择　　D. 被告选择
6. 在民事诉讼中,提供证据的责任由(　　)承担。
   A. 原告一方承担　　　　　　　　B. 当事人和法院共同承担
   C. 当事人双方承担　　　　　　　D. 被告一方承担
7. 如果双方当事人都提不出足够证据,则(　　)败诉。
   A. 原告　　　　　　　　　　　　B. 被告
   C. 负举证责任的一方　　　　　　D. 不负举证责任的一方
8. 人民法院应当在立案之日起(　　)日内将起诉状副本发送被告,被告应当在收到之日起(　　)日内提出答辩状。
   A. 3、5　　　　B. 5、10　　　C. 5、15　　　D. 10、15
9. 对一审判决不服的,在判决书送达之日起(　　)日内上诉;对裁定不服的,在裁定书送达之日起(　　)日内上诉。
   A. 10、5　　　B. 15、10　　C. 10、15　　D. 5、10
10. 重大涉外案件由(　　)管辖。
    A. 基层人民法院　　　　　　　　B. 中级人民法院
    C. 高级人民法院　　　　　　　　D. 最高人民法院
11. 因港口作业中发生纠纷提起的诉讼,由(　　)人民法院管辖;
    A. 原告所在地　B. 被告所在地　C. 港口所在地　D. 合同签订地
12. 对原告和被告所争议的诉讼标的有独立请求权而参加到诉讼中来的人是(　　)。
    A. 共同诉讼人　B. 诉讼代表人　C. 诉讼代理人　D. 第三人
13. 法庭辩论终结,由审判长或者独任审判员按照(　　)的顺序征询各方的最后意见。
    A. 原告、被告、第三人　　　　　B. 被告、原告、第三人
    C. 第三人、原告、被告　　　　　D. 第三人、被告、原告

14. 被告经传票传唤,无正当理由拒不到庭的,或者未经法庭许可中途退庭的,可以( )。
　　A. 按撤诉处理　　B. 缺席判决　　C. 延期审理　　D. 中止诉讼

15. 下列可以仲裁的纠纷是( )。
　　A. 婚姻纠纷　　B. 继承纠纷　　C. 行政争议　　D. 经济纠纷

三、多项选择题

1. 我国《仲裁法》规定的基本制度主要包括( )。
　　A. 协议仲裁制度　　B. 或裁或审制度　　C. 一裁终局制度　　D. 公开裁决制度

2. ( )是我国仲裁法规定的基本原则。
　　A. 自愿原则
　　B. 独立仲裁原则
　　C. 公开裁决原则
　　D. 根据事实、符合法律规定、公平合理解决纠纷原则

3. 根据仲裁法的规定,仲裁协议在( )情形下失效。
　　A. 仲裁裁决得以履行或执行,提交仲裁的争议事项得到最终解决
　　B. 当事人放弃
　　C. 仲裁裁决被法院裁定撤销或不予执行
　　D. 当事人不服裁决

4. 申请撤销仲裁裁决必须满足的条件包括( )。
　　A. 提出申请的主体必须是当事人或利害关系人
　　B. 必须向有管辖权的法院提出申请
　　C. 必须在规定的期限内提出申请
　　D. 必须有证据证明仲裁裁决有法律规定的应予撤销的情形

5. 我国仲裁法规定,有( )情形之一的,当事人可以申请撤销仲裁裁决。
　　A. 没有仲裁协议
　　B. 仲裁事项不属于仲裁协议的范围
　　C. 仲裁庭的组成或仲裁的程序违反法律规定的程序
　　D. 裁决所依据的证据属于伪造

6. 依照仲裁法的规定,有( )情形之一的,仲裁员必须回避。
　　A. 是案件当事人或当事人、代理人的近亲属
　　B. 与案件有利害关系
　　C. 与案件当事人、代理人有其他关系,可能影响公正仲裁的
　　D. 私自会见当事人、代理人,或者接受当事人、代理人请客送礼的

7. 我国诉讼法的基本原则主要包括( )。
　　A. 司法机关依法独立行使职权　　B. 以事实为根据,以法律为准绳
　　C. 当事人的法律地位平等　　D. 人民检察院法律监督原则

8. ( )管辖属于我国诉讼法规定的审判管辖。
　　A. 级别管辖　　B. 地域管辖　　C. 指定管辖　　D. 移送管辖

9. 公开审判制度的主要内容有( )。
　　A. 人民法院在开庭前公告当事人的姓名、案由、开放时间、地点

B. 除法律规定不公开审理的案件外,审判过程公开
C. 判决必须公开宣告
D. 允许公民到庭旁听、新闻记者采访和报道

10. 诉讼中,依法应当回避的人员包括(　　　　)。
   A. 翻译人员　　　B. 审判人员　　　C. 书记人员　　　D. 鉴定、勘验人员

11. 依法应当回避的有关人员,有(　　　　)情形之一的,应当回避。
   A. 是案件当事人或者当事人的近亲属
   B. 本人或其近亲属与案件有利害关系
   C. 与案件当事人有其他关系,可能影响公正审理案件的
   D. 当事人的代理人或委托人

12. 我国仲裁法院规定的基本制度有(　　　　)。
   A. 协议仲裁制度　　B. 两审终审制度　　C. 一裁终局制度　　D. 或裁或审制度

13. 我国仲裁法的基本原则包括(　　　　)。
   A. 自愿原则
   B. 仲裁前置原则
   C. 独立仲裁原则
   D. 根据事实、符合法律规定、公平合理解决纠纷原则

14. 证据包括（　　　　）
   A. 当事人的陈述　　B. 书证　　　　C. 物证　　　　D. 视听资料

15. 上级人民法院对下级人民法院已经发生法律效力的(　　　　),发现确有错误的,有权提审或者指令下级人民法院再审。
   A. 判决　　　　　B. 裁定　　　　C. 调解书　　　D. 和解协议

四、判断题

1. 人民法院审理民事案件时,当事人有权进行辩论。（　　）
2. 级别管辖是同级人民法院在受理第一审案件上的权限划分。（　　）
3. 因票据纠纷提起的诉讼,由票据支付地或者原告住所地人民法院管辖。（　　）
4. 因不动产纠纷提起的诉讼,由不动产所在地人民法院管辖。（　　）
5. 人民法院审理案件,审判过程一律公开。（　　）
6. 涉及国家利益、社会公共利益的案件,可以由审判员一人独任审理。（　　）
7. 翻译人员是本案当事人近亲属的,应当回避。（　　）
8. 当事人对自己提出的主张,有责任提供证据。（　　）
9. 当事人只能委托一人作为诉讼代理人。（　　）
10. 对案外人的财产,可以采取保全措施。（　　）
11. 当庭宣判的,宣判后立即发给判决书。（　　）
12. 原告经传票传唤,无正当理由拒不到庭的,按撤诉处理。（　　）
13. 申请实现担保物权,由担保物权人向担保财产所在地或者担保物权登记地中级人民法院提出。（　　）
14. 当事人对已经发生法律效力的解除婚姻关系的判决、调解书,可以申请再审。（　　）
15. 公开审理是仲裁的基本原则。（　　）

16. 仲裁协议必须在争议发生前达成。（   ）
17. 当事人达成仲裁协议，一方向人民法院起诉的，人民法院可以受理。（   ）
18. 合同的变更、解除、终止或者无效，会影响仲裁协议的效力。（   ）
19. 被申请人未提交答辩书的，不影响仲裁程序的进行。（   ）

五、名词解释

1. 仲裁协议
2. 仲裁裁决
3. 仲裁
4. 审判监督程序
5. 缺席判决
6. 先予执行

六、简答题

1. 上诉的法定条件有哪些？
2. 什么是仲裁协议的效力？

七、论述题

1. 试述我国诉讼法的基本原则。
2. 试述民事诉讼当事人。

八、案例分析题

案例1 甲、乙两公司因合同纠纷向某市仲裁委员会申请仲裁。仲裁庭作出裁决后，甲公司不服，拟再次申请仲裁或向法院起诉。分析甲公司是否可以再次申请仲裁或向法院起诉。

案例2 甲公司与乙公司因技术转让合同的履行产生纠纷，甲公司向某人民法院提起诉讼，人民法院受理该案件。已知该案件涉及商业秘密，该案件是否公开审理？

参 考 答 案

一、填空题

1. 当事人　其他诉讼参与人
2. 人民法院　人民检察院
3. 本民族语言文字
4. 自愿　合法
5. 民事权利　诉讼权利
6. 级别　地域　指定　移送　专门
7. 单　少数服从多数
8. 5
9. 3
10. 基层人民法院　它的派出法庭

11. 合同纠纷　其他财产权益纠纷
12. 不影响
13. 可以
14. 中级人民法院
15. 3　1

二、单项选择题

1. C　2. C　3. B　4. C　5. A　6. C　7. C　8. C　9. B　10. B　11. C　12. D　13. A　14. B　15. D

三、多项选择题

1. ABC　2. ABD　3. ABC　4. BCD　5. ABCD　6. ABCD　7. ABCD　8. ABCD　9. ABCD　10. ABCD　11. ABC　12. ACD　13. ACD　14. ABCD　15. ABC

四、判断题

1. 正确　2. 错误　3. 错误　4. 正确　5. 错误　6. 错误　7. 正确　8. 正确　9. 错误　10. 错误　11. 错误　12. 正确　13. 错误　14. 错误　15. 错误　16. 错误　17. 错误　18. 错误　19. 正确

五、名词解释

1. 仲裁协议：是指双方当事人自愿将他们之间已经发生或者可能发生的争议提交仲裁解决的协议。仲裁协议的存在，是进行仲裁的先决条件。

2. 仲裁裁决：是指仲裁庭对当事人之间所争议的事项进行审理后作出的终局权威性判定。

3. 仲裁：是指发生争议的双方当事人，根据其在争议发生前或争议发生后所达成的协议，自愿将该争议提交中立的第三方进行裁判的争议解决制度和方式。

4. 审判监督程序：又称为再审程序，是指发现已经生效的判决、裁定或调解协议确有错误，依法提起再审适用的程序。

5. 缺席判决：是指人民法院在一方或部分当事人不在场情况下依法作出的判决。

6. 先予执行：是指人民法院在诉讼过程中，为解决原告在生活和生产经营上的紧迫需要，裁定被告预先给付原告一定数额的金钱或其他财物的制度。

六、简答题

1. 上诉的法定条件有哪些？

答：上诉是当事人的一项重要诉讼权利。提起上诉，必须符合法定条件，否则，不能引起第二审程序的发生。这些法定条件是：

(1) 有法定的上诉人和被上诉人。

可以提起上诉的人，为第一审程序的原告、被告、有独立请求权的第三人。被上诉人是第一审程序中的对方当事人。

普通共同诉讼人各自有独立的上诉权，其上诉行为仅对自己有效，效力不及于其他共同诉讼人。必要共同诉讼人可以全体上诉，其中一人提出上诉的，经全体同意对全体发生效力。

(2) 有法定上诉对象。

法定的上诉对象是指依法可以上诉的判决和裁定。可以上诉的判决为第一审判决和二审人民法院发回重审后所作判决。可以上诉的裁定为不予受理的裁定、管辖异议裁定、驳回起诉的裁定。

(3) 法定上诉期限。

上诉必须在法定期限内提出。对一审判决不服的,在判决书送达之日起15日内上诉;对裁定不服的,在裁定书送达之日起10日内上诉。

(4) 必须提交上诉状。

当事人提起上诉,应当提交上诉状,不允许口头形式的上诉。上诉状应当通过原审人民法院提出,并按照对方当事人或者代表人的人数提出副本。当事人直接向第二审人民法院上诉的,第二审人民法院应当在5日内将上诉状移交原审人民法院。

2. 什么是仲裁协议的效力?

答:所谓仲裁协议的效力,是指一项有效的仲裁协议在仲裁中对有关当事人和机构的作用或约束力。关于仲裁协议的效力,有关的国际条约和各国的仲裁立法都作了比较一致的规定,我国《仲裁法》及相关法律也有类似内容,一般而言,有以下三个方面:

(1) 对双方当事人的法律效力——约束双方当事人对纠纷解决方式的选择权。

仲裁协议一经合法成立,首先对双方当事人产生直接的法律效力,当事人因此丧失了就特定争议向法院起诉的权利,相应的承担着将争议提交仲裁并服从仲裁裁决的义务。如果一方当事人违反仲裁协议,就仲裁协议规定范围内的争议事项向法院起诉,另一方当事人有权依据仲裁协议要求法院停止诉讼程序,法院应当驳回当事人的起诉。

(2) 对仲裁机构的效力——授予仲裁机构仲裁管辖权并限定仲裁的范围。

我国《仲裁法》第4条规定,没有仲裁协议,当事人一方申请仲裁的,仲裁委员会不予受理。由此可见,仲裁协议的存在是仲裁委员会受理案件的前提,是仲裁庭审理和裁决仲裁案件的依据。同时,仲裁机构管辖权受到仲裁协议的严格控制,它只能对当事人在仲裁协议中约定的事项进行仲裁,对仲裁协议约定范围以外的任何争议都无权仲裁,否则,即使作出裁决,对当事人也无约束力。

(3) 对法院的法律效力——排除法院的司法管辖权。

在存在有效的仲裁协议的情况下,仲裁管辖应当优先于司法管辖。我国《仲裁法》第5条明确规定,当事人达成仲裁协议,一方向人民法院起诉的,人民法院不予受理,但仲裁协议无效的除外。当事人达成仲裁协议,一方向人民法院起诉未声明有仲裁协议的,人民法院受理后,另一方在首次开庭前提交仲裁协议的,人民法院应当驳回起诉,但仲裁协议无效的除外。

七、论述题

1. 试述我国诉讼法的基本原则。

答:诉讼法的基本原则,是指在整个诉讼过程中起指导作用,司法机关和当事人、诉讼参与人都必须遵守的活动准则。以下原则是刑事诉讼法、民事诉讼法和行政诉讼法共同的原则:

(1) 司法机关依法独立行使职权原则。

这是我国诉讼法的首要原则,也是我国实施依法治国战略的关键。法治当然是先要有一套获得公众普遍遵从的完善的法律,但仅有良法是远远不够的,如果负责执行这套法律的司法机关不能独立司法,而是依附于政府或某种势力,法治的理想便遥遥无期。所以,法治与司法独立的关系可以说是唇齿相依,司法独立是法治的必要条件。

在我国,根据宪法和法律的规定确立了司法独立原则。这一原则有三层含义:

① 国家司法权由司法机关统一行使。人民法院统一行使审判权,人民检察院统一行使检察权,公安机关行使侦查权。其他任何机关、团体和个人都无权行使这些权力。

② 司法机关独立行使职权,不受行政机关、社会团体和个人的干涉。

③ 司法机关行使职权必须依法进行。

(2) 以事实为根据、以法律为准绳原则。

这一原则要求司法机关在诉讼过程中,必须忠于事实、忠于法律,这也是我国法律适用的基本原则。

以事实为根据,要求司法机关办案从实际出发,实事求是;注重调查取证,以客观事实为基础而非主观推测或盲目臆断。以法律为准绳,要求以法律规定作为判断罪与非罪、违法与否的唯一尺度。

以事实为根据、以法律为准绳是一个原则不可分割的两个方面,只有在查明事实的基础上,才能正确地适用法律。

(3) 当事人法律地位平等原则。

这是宪法"公民在法律面前一律平等"原则在诉讼法中的具体体现。诉讼中的任一方当事人都平等地享有法律规定的权利和承担法律规定的义务,不因其社会地位、身份、职务等的不同而区别对待。司法机关在适用法律上对当事人应一视同仁、不偏不倚,切实保障当事人能够平等地行使权利。没有法律适用上的平等,也就没有司法公正可言。

(4) 使用本民族语言文字原则。

我国是统一的多民族国家,诉讼法规定各民族公民有权使用本民族语言文字进行诉讼。这既是民族平等原则的体现,也是实现民族平等的重要法律保障。

诉讼法规定,在少数民族聚居或者多民族共同居住的地区,人民法院应当用当地民族通用的语言、文字进行审理和发布法律文书。人民法院应当对不通晓当地民族通用的语言、文字的诉讼参与人提供翻译。

(5) 人民检察院法律监督原则。

人民检察院是我国的法律监督机关,监督内容主要包括:

① 对人民法院等专门机关的诉讼活动是否合法进行监督。人民检察院对法院审判组织的组成、审判程序和审判结果的公正性、裁判执行情况等实施法律监督;在刑事诉讼中,还有权对公安机关、监狱等专门机关的活动进行监督。

② 对诉讼参与人的行为是否合法进行监督。如有无证人作伪证、鉴定人提供虚假鉴定结论或当事人、辩护人隐匿、毁灭证据等情形。

人民检察院的法律监督,是建立诉讼法制不可缺少的一环。

2. 试述民事诉讼当事人。

答:民事诉讼当事人是指以自己的名义进行诉讼,并受人民法院裁判拘束的利害关系人。当事人是民事诉讼的重要主体,没有当事人就没有民事诉讼。公民、法人和其他组织可以作为民事诉讼的当事人。

法人由其法定代表人进行诉讼。其他组织由其主要负责人进行诉讼。

狭义的当事人指原告和被告。广义的当事人还包括共同诉讼人、诉讼代表人和第三人。当事人的称谓因诉讼阶段不同而有所变化,如一审程序中称为原告和被告;二审称为上诉人和被上诉人;执行程序中称为申请执行人和被申请执行人。

(1) 共同诉讼人。

当事人一方或者双方为二人以上,其诉讼标的是共同的,或者诉讼标的是同一种类、人民法院认为可以合并审理并经当事人同意的,为共同诉讼。

其中,原告为两人以上的,称为共同原告;被告为两人以上的,称为共同被告。共同原告和共同被告统称为共同诉讼人。

共同诉讼实质上是诉讼主体的合并,通过这种合并,人民法院可对数个当事人之间的纠纷一并审理,既便利当事人进行诉讼,又节省了当事人及法院的人力、物力和时间,符合诉讼经济原则。

(2) 诉讼代表人。

当事人一方人数众多的共同诉讼,可以由当事人推选代表人进行诉讼。代表人的诉讼行为对其所代表的当事人发生效力,但代表人变更、放弃诉讼请求或者承认对方当事人的诉讼请求,进行和解,必须经被代表的当事人同意。诉讼标的是同一种类、当事人一方人数众多在起诉时人数尚未确定的,人民法院可以发出公告,说明案件情况和诉讼请求,通知权利人在一定期间内向人民法院登记。

向人民法院登记的权利人可以推选代表人进行诉讼;推选不出代表人的,人民法院可以与参加登记的权利人商定代表人。

代表人诉讼又称群体诉讼,是指当事人一方人数众多,由其中一人或者数人作为代表人进行的诉讼。这一人或数人就是诉讼代表人。诉讼代表人应由全体共同诉讼人推选产生,并以书面形式向受诉人民法院说明。

(3) 第三人。

民事诉讼的第三人,是指对原告和被告所争议的诉讼标的有独立请求权,或者虽无独立请求权、但案件处理结果与其有法律上的利害关系,从而参加到诉讼中来的人。第三人可以是自然人,也可以是法人或其他组织;可以是一人,也可以是多人。对当事人双方的诉讼标的,第三人认为有独立请求权的,有权提起诉讼。

对当事人双方的诉讼标的,第三人虽然没有独立请求权,但案件处理结果同他有法律上的利害关系的,可以申请参加诉讼,或者由人民法院通知他参加诉讼。人民法院判决承担民事责任的第三人,有当事人的诉讼权利义务。

八、案例分析题

案例 1 答:仲裁实行一裁终局制度。仲裁庭的裁决为终局裁决。甲、乙公司应执行仲裁庭的裁决。当事人就同一纠纷再次申请仲裁或向法院起诉的,仲裁委员会和法院都不会受理。

案例 2 答:根据《民事诉讼法》第 137 条的规定,离婚案件,涉及商业秘密的案件,当事人申请不公开审理的,可以不公开审理。本案中如果当事人没有申请不公开审理,则应当公开审理。

第二编

经济组织法律制度

第一章
公司法律制度

本章知识重点提示
- 公司的定义
- 公司产生的历史
- 我国公司的种类
- 公司设立的条件
- 公司的出资
- 公司的组织机构
- 公司股份的转让与股票的发行
- 公司高管的职责和义务

一、填空题

1. 公司是指股东依照法定_____与_____设立的,以营利为目的、以其认缴的出资额或认购的股份为限对公司承担责任,以其全部独立法人财产对公司债务承担责任的_____。

2. 根据公司信用基础的不同,可以把公司分为_____公司、资合公司和_____公司。

3. 有限责任公司是指股东以其认缴的_____为限对公司承担责任,公司以其_____对公司债务承担责任的企业法人。

4. _____是指依照法定程序选举产生,代表公司行使经营决策权、执行权与监督权的公司常设机关。

5. 有限责任公司的经理是负责公司_____工作的高级管理人员。

6. 一人有限责任公司是指只有一个_____股东或者一个_____股东的有限责任公司。

7. 国有独资公司是由_____单独出资,由_____或地方人民政府授权本级人民政府国有资产监督管理机构履行出资人职责的_____。

8. 公司法规定,董事会为公司_____机构,每届任期不超过_____年。

9. 公司法规定,董事会应当在章程规定的时间按照公司法规定的程序召集。由董事会召集时,_____为主持人。董事长不能履行职务或不履行职务的,由_____主持。

10. 股东代表诉讼又称_____、_____。股东代位诉讼,是指当公司的合法权益受到不法侵害而公司却怠于起诉时,公司的股东以自己的名义起诉,而所获赔偿归于公司的一种诉讼形态。

11. 公司债券是指依照公司法定程序发行的、约定有一定期限还本付息的_____。

12. 公积金是公司为了弥补公司亏损、扩大公司生产经营或者转为增加公司资本,依照法律或_____的规定,从_____或资本中提取的积累资金。

13. 两个以上的公司依照法定程序、不需要经过清算程序、直接合并成为一个公司的行为叫_____。

14. 公司清算是指已经成立的公司基于一定的合法事由而使公司_____的法律行为。

15. 公司解散后,依照法定程序处分公司财产,了结各种法律关系,并最终使公司归于消灭的行为叫_____。

二、单项选择题

1. 股份有限公司的设立,应当有( )以上的发起人,其中须有过半数的发起人在中国境内有住所。

A. 2—200人　　　　B. 3—200人　　　　C. 5—200人　　　　D. 7—200人

2. 国有独资公司不设( )。

A. 监事会　　　　　　　　　　　　B. 股东会
C. 监事会和股东会　　　　　　　　D. 董事会

3. 有限责任公司在登记注册后,应向股东签发( )。

A. 股票　　　　B. 产权证书　　　　C. 出资证明书　　　　D. 股权证明书

4. 有限责任公司股东向股东以外的人转让出资,必须征得全体股东( )同意。

A. 过半数　　　　B. 2/3　　　　C. 全体　　　　D. 1/4

5. 有限责任公司股东会的第一次会议的主持人是( )。

A. 董事长　　　　　　　　　　　　B. 股东会选出的主席
C. 出资最多的股东　　　　　　　　D. 总经理

6. 在股份有限公司募集设立的情况下,发起人认购的股份不得少于公司股份总数的( )。

A. 15%　　　　B. 20%　　　　C. 25%　　　　D. 35%

7. 在我国公司设立登记中,对公司名称实行( )制度。

A. 注册登记　　　　B. 预先批准　　　　C. 预先核准　　　　D. 自动生效

8. 股份有限公司的章程是由( )制定的。

A. 股东大会　　　　B. 发起人　　　　C. 创立大会　　　　D. 全体股东

9. 股份有限公司的法定成立日期为( )。

A. 公司设立登记的申请日期　　　　B. 公司营业执照的签发日期
C. 公司的成立公告日期　　　　　　D. 公司登记机关的通知书到达日期

10. 《公司法》规定"公司中的国有资产所有权属于国家",它指的是( )。

A. 国家对投入公司的财产有直接支配权
B. 国家持有的股权与其投入公司的财产完全等同
C. 国家对相当于投入公司的财产的那部分股份拥有所有权
D. 国家的股东地位高于其他股东

11. 国有独资公司的董事长依照( )的方法产生。

A. 公司章程
B. 股东选举

C. 国家机关指派

D. 职工代表大会选举并报政府主管部门批准

12. 股份有限公司发行新股票,(　　)不符合法律规定。

A. 为吸引更多的投资,按股票票面价格的9折发行

B. 公司的股东有优先购买权

C. 公司连续3年盈利,并向股东支付了股利

D. 公司近3年的财务会计文件无虚假记录

13. 有限责任公司的股东会进行决议时,对公司修改章程、公司合并与分立、公司解散等特别事项表决时,应采取的方式是(　　)。

A. 以出席股东会的股东2/3以上表示同意

B. 以出席股东会的股东所持表决权的2/3以上通过

C. 以全体股东所持表决权的2/3以上通过

D. 以全体股东的2/3以上通过

14. 公司法规定超过票面金额发行股票所得的溢价款列入(　　)。

A. 法定公积金　　B. 法定公益金　　C. 公司资本　　D. 资本公积金

三、多项选择题

1. 以股东对公司所负责任为基础,公司可以分为(　　)。

A. 无限责任公司　　B. 两合公司　　C. 有限责任公司　　D. 股份两合公司

E. 股份有限公司

2. 一般来说,公司在(　　)不得分配股利。

A. 缴纳所得税之前　　　　　　　B. 提取法定公积金之前

C. 弥补亏损之前　　　　　　　　D. 公司当年无利润

E. 提取法定公益金之前

3. 各类公司设立的要求不完全相同,但公司的设立必须具备的共同条件是(　　)。

A. 发起人　　B. 组织机构　　C. 资本　　D. 公司章程

E. 有公司住所

4. 我国《公司法》所称的公司,是指依照本法在中国境内设立的(　　)。

A. 有限责任公司　　B. 无限责任公司　　C. 两合公司　　D. 股份有限公司

E. 股份两合公司

5. 下列有关有限责任公司的说法,正确的是(　　)。

A. 股东可以向股东以外的人转让出资

B. 股东在公司登记后,不能抽回出资

C. 股东向股东以外的人转让出资,必须征得全体股东的同意

D. 股东向股东以外的人转让出资,在同等条件下,其他股东有优先购买权

E. 股东不得转让出资

6. 根据《公司法》的规定,下列人员不能担任公司监事的人包括(　　)。

A. 国家公务员　　　　　　　　　B. 本公司董事

C. 本公司财务负责人　　　　　　D. 本公司经理

E. 本公司职工代表

7. 关于国有独资公司的组织机构,下列事项符合我国《公司法》规定的是( )。

A. 不设股东会

B. 不设监事会

C. 公司重大事项只能由国家授权的机构和部门决定

D. 董事会行使股东会的部分职权

E. 不设财务负责人

8. 我国公司解散的原因有( )。

A. 股东会议决议　　　　　　　B. 公司章程规定的营业期限届满

C. 公司合并或分立　　　　　　D. 因违法被责令关闭

E. 破产

9. 国有企业改制为股份有限公司时,国有资产禁止( )。

A. 低价折股　　　　　　　　　B. 低价出售

C. 无偿分配给个人　　　　　　D. 无偿投入

E. 高价出售

10. 股份有限公司的认股人在( )情形下可以抽回股本。

A. 公司未按期募足股份　　　　B. 发起人未按期召开创立大会

C. 创立大会决议不设立公司　　D. 发起人未交足股款

E. 未制定公司章程

11. 日本一股份有限公司拟在我国北京市设立一办事处,下列行为中不符合我国《公司法》的规定的是( )。

A. 该日本公司为了其驻京办事处开展业务方便,其名称中没有标明日本国籍

B. 该日本公司指定了办事处的代表人

C. 该办事处不因其日本公司破产而终止在中国境内的经营活动

D. 该办事处因业务活动而引起的债务,仅以办事处的财产承担责任

E. 该办事处应取得中国法人资格

12. 一外国公司驻沪办事处的以下行为中违反我国《公司法》规定的是( )。

A. 未置备该外国公司的章程

B. 办事处在与我国雇员签订的劳动合同中约定,雇员对办事处的任何请求不得诉及该外国公司

C. 办事处在该外国公司被所在国宣告破产后,仍继续在中国从事经营活动

D. 该外国公司撤销该办事处时,先将其资金汇出中国境外,而后办理解散清算手续

E. 在其公司的营业执照中标明了该外国国籍

13. 我国公司股东的出资方式可以是( )。

A. 美元　　　　　　　　　　　B. 商标权

C. 专利权　　　　　　　　　　D. 土地所有权

E. 机器设备

四、判断题

1. 我国对公司名称的登记管理实行预先核准制度。公司在申请设立登记以前,都必须首先申请名称预先核准。　　　　　　　　　　　　　　　　　　　　　　( )

2. 有限责任公司不得向社会发行股票。（　）
3. 有限责任公司可以自行决定设立董事会或者不设立董事会而只设立执行董事。（　）
4. 出资证明书是有限责任公司股东出资的凭证，它属于有价证券，可以流通。（　）
5. 有限责任公司的出资转让受限制，不得在市场上公开交易。（　）
6. 有限责任公司的出资转让有严格限制，但是在规定的条件下股东可以撤资。（　）
7. A 与 B 均为国有企业，可以协商决定共同出资设立一家国有独资的有限责任公司。（　）
8. 公司都可以采取募集方式设立。（　）
9. 股份有限公司的股东可以以货币、实物、工业产权、非专利技术以及土地使用权出资。（　）
10. 股份有限公司的经理是公司唯一的法定代表人，由全体董事出席的董事会过半数选举产生。（　）
11. 职工代表大会这种民主管理制度，在《公司法》中只适用于国有独资公司。（　）
12. 股份有限公司章程的制订者为发起人，而不是公司全体股东。（　）
13. 股东人数较少、规模较小的股份有限公司可以不设股东会、监事会。（　）
14. 分公司可独立从事生产经营活动，但其民事责任由总公司承担。（　）
15. 分公司可以具有法人资格，也可以不具有法人资格。（　）
16. 公司的设立分为发起设立和募集设立两种。（　）
17. 外国公司的分支机构是其公司的组成部分，不具有中国法人资格。（　）
18. 《公司法》规定，凡是公司都可以发行公司债券。（　）
19. 公司在弥补亏损和提取法定公积金、法定公益金之前，向股东分配利润不符合《公司法》的规定。（　）

五、名词解释

1. 公司
2. 有限责任公司
3. 股份有限公司
4. 国有独资公司
5. 上市公司
6. 公司债券
7. 可转换债券
8. 股份有限公司的募集设立

六、简答题

1. 设立有限责任公司应具备哪些条件？
2. 简述股份有限公司设立的条件。
3. 简述公司董事、监事及经理的任职资格限制。

七、论述题

试述公司的基本权利和义务。

八、案例分析题

案例1 某市甲、乙、丙三家企业经协商决定共同投资设立一家从事生产经营的公司。甲、乙、丙三方经协商订立了发起人协议。协议规定：公司的组织形式为有限责任公司，公司名称为华美实业公司；公司的注册资本为150万元；其中，甲出资70万元，乙出资30万元，丙出资50万元（丙以一项非专利技术出资，该专利技术作价为36万元）。所有筹备事项完成后，三企业委托甲办理设立公司的申请登记手续。

甲带着有关证件到当地市场监督管理部门申请公司设立登记。管理部门指出申请人在某些方面存在不符合法律规定的地方，要当事人予以纠正后才能实行登记。经甲、乙、丙三方协商后，对不合法的事项依法进行了改正。2021年10月10日，该市场监督管理局于公司登记后向申请人签发了《企业法人营业执照》。

营业执照虽然领到了，但甲认为，公司成立应当公告，否则，不能成立。于是，公司于同年10月25日对华美公司的成立进行了公告，并对外声称：华美公司的成立日为2021年10月25日。

试问：本案例中，

(1) 申请人有不符合法律规定的地方表现在哪些方面？为什么不符合法律规定？
(2) 认为华美公司成立应当公告的观点是否正确？为什么？
(3) 华美公司成立的日期应当是哪一天？

案例2 甲、乙、丙三人共同投资设立了好运来有限责任公司，公司章程规定：如果股东认为有限责任公司的经营不令其满意，可以抽回其出资或将其出资转让给股东以外的其他人。公司成立后，经营业绩一直不理想，因此，乙在没有通知甲、丙的情况下准备将出资份额转让给丁，甲认为不能转让，但乙坚持认为其转让出资份额给第三人是公司章程赋予股东的权利。鉴于甲提出异议，乙为了避免大家关系紧张，又提出抽回出资的要求，丙认为这一要求是受公司章程保护的，应予支持。甲认为公司章程规定的内容不好，使公司的经营很被动，马上修改了公司章程。

试问：

(1) 甲认为乙未通知其他股东便转让出资份额给第三人的行为是无效的看法是否正确？
(2) 丙认为乙抽回出资的行为受公司章程的保护的看法是否正确？
(3) 甲迅速修改公司章程的行为是否合适？

案例3 某有限责任公司拟任命有经营头脑的李进担任公司的董事，但股东黄勤提出反对意见，因为李进目前在市场监督管理局担任副处长，是国家的公务员；股东林华认为李进才华出众，极富经营头脑，还有半年就退休了，现在工作不是很忙，完全可以胜任董事的职务。另外，该有限责任公司董事蒋林在担任该公司董事期间，还与高中同学合伙成立了合伙企业，经营与该有限责任公司相同的产品，获得个人收益30万元。股东黄勤一直对公司的经营管理业绩不太满意，想抽回出资或者悄悄地将自己持有的出资份额转让给一直想投资实业的同学。

试问：

(1) 李进是否可以担任公司的董事？
(2) 蒋林董事是否可以成立合伙企业与该有限责任公司竞争？
(3) 蒋林获得的30万元个人收益如何处理？
(4) 股东黄勤是否可以实现自己的想法？

参 考 答 案

一、填空题

1. 条件　程序　企业法人
2. 人合　人合兼资合
3. 出资额　全部资产
4. 董事会
5. 日常经营管理
6. 自然人　法人
7. 国家　国务院　有限责任公司
8. 必设　3
9. 董事长　副董事长
10. 派生诉讼　股东代位诉讼
11. 有价证券
12. 公司章程　公司盈余
13. 公司合并
14. 消灭
15. 公司清算

二、单项选择题

1. A　2. B　3. C　4. A　5. C　6. D　7. C　8. B　9. B　10. C　11. C　12. A　13. B　14. D

三、多项选择题

1. ABCDE　2. ABCDE　3. ABCDE　4. AD　5. ABD　6. ABCD　7. ACD　8. ABCDE　9. ABC　10. ABC　11. ACDE　12. ABCD　13. ABCE

四、判断题

1. 正确　2. 正确　3. 正确　4. 错误　5. 正确　6. 错误　7. 错误　8. 错误　9. 错误　10. 错误　11. 错误　12. 正确　13. 错误　14. 正确　15. 错误　16. 错误　17. 正确　18. 错误　19. 正确

五、名词解释

1. 公司：公司是企业的一种组织形式，是依照公司法组成，以营利为目的的企业法人。
2. 有限责任公司：是指股东以其出资额为限对公司债务承担责任，公司以其全部资产对公司的债务承担责任的经营实体。
3. 股份有限公司：是指公司的全部资本分为等额股份，股东以其所持股份为限对公司的债务承担责任，公司以其全部资产对公司的债务承担责任的经营实体。
4. 国有独资公司：是指国家授权投资的机构或者国家授权的部门单独投资设立的有限

责任公司。

5. 上市公司：是指所发行的股票经国务院授权的证券管理部门批准在证券交易所上市的股份有限公司。

6. 公司债券：是指公司依照法定程序发行的，约定在一定期限还本付息的有价证券。

7. 可转换债券：是指上市公司发行的，可依一定条件转换为股票的债券。

8. 股份有限公司的募集设立：是指由发起人认购公司应发行股份的一部分，其余部分向社会公开募集而设立公司的一种设立方式。

六、简答题

1. 设立有限责任公司应具备哪些条件？

答：设立有限责任公司应当具备以下条件：

（1）股东符合法定人数。有限责任公司须有 50 个以下的股东投资成立；

（2）有符合公司章程规定的全体股东认缴的出资额；

（3）股东共同制定公司章程；

（4）有公司名称、建立符合有限责任公司要求的组织机构；

（5）有公司住所。

2. 简述股份有限公司设立的条件。

答：根据我国《公司法》的规定，设立股份有限公司应当具备以下条件：

（1）发起人符合法定人数。股份有限公司的设立，应当有 2 个以上 200 人以下的发起人，其中须有过半数的发起人在中国境内有住所；

（2）有符合公司章程规定的全体发起人认购的股本总额或者募集的实收股本总额；

（3）股份发行、筹办事项符合法律规定；

（4）发起人制定公司章程，采用募集方式设立的经创立大会通过；

（5）有公司名称、建立符合股份有限公司要求的组织机构；

（6）有公司住所。

3. 简述公司董事、监事及经理的任职资格限制。

答：根据《公司法》第 146 条的规定，以下 5 种人不能担任有限责任公司的董事、监事及经理：

（1）无民事行为能力人或限制民事行为能力人；

（2）因犯有贪污、贿赂、侵占财产、挪用财产罪或者破坏社会经济秩序罪，被判处刑罚，执行期满未逾 5 年；或者因犯罪被剥夺政治权利，执行期满未逾 5 年的人；

（3）担任因经营管理不善而破产清算的公司、企业的董事或厂长、经理并对该公司、企业的破产负有个人责任的，自公司、企业破产清算完结之日起未逾 3 年的人；

（4）担任因违法被吊销营业执照的公司、责令关闭的公司、企业的法定代表人，并负有个人责任的，自该公司、企业被吊销营业执照之日起未逾 3 年的人；

（5）个人所负数额较大的债务到期未清偿的人。

公司违反前款规定选举、委派董事、监事或者聘任高级管理人员的，该选举、委派或者聘任无效。

董事、监事、高级管理人员在任职期间出现上述所列情形的，公司应当解除其职务。

此外，国家公务员不得兼任公司的董事、监事和经理；本公司的董事、监事、经理和财务负责人不得担任公司的监事。

七、论述题

试述公司的基本权利和义务。

答：公司的基本权利和义务如下：

（1）公司享有由其股东投资形成的全部法人财产权，依法享有民事权利，承担民事义务；

（2）公司实行权责分明、科学管理、激励和约束相结合的内部管理体制；

（3）公司应当在其登记的经营范围内从事生产经营活动；

（4）公司可以向其他有限责任公司、股份有限公司投资，并以出资额为限对所投资的公司债务承担责任；

（5）公司可根据自己业务的需要设立子公司和分公司；

（6）公司从事生产经营活动必须遵守法律法规的规定，遵守职业道德，加强精神文明建设，接受政府和社会的监督；

（7）公司必须保护职工的合法权益，加强劳动保护，实现安全生产；

（8）公司职工依法组织工会，开展工会活动，维护职工的合法权益；公司应当为本公司工会提供必要的活动条件；

（9）公司的合法权益受法律保护，不受侵犯。

八、案例分析题

案例1 答：(1) 我国公司法有关有限责任公司的规定，依法设立的有限责任公司必须在公司的名称中标明有限责任公司的字样；根据以上规定，申请人在公司名称方面存在着不合法的地方。

(2) 认为华美公司（有限责任公司）的成立应当公告的观点是不正确的。因为我国《公司法》并没有要求有限责任公司在成立后必须进行公告，所以，华美公司的成立并不以其公告期为准。

(3) 华美公司成立的日期应当是其当地市场监督管理局签发营业执照的日期，即2021年10月10日。《公司法》规定，有限责任公司的成立并不以其公告为必须，所以，市场监督管理局签发营业执照的日期为有限责任公司成立的日期。

案例2 答：(1) 甲认为乙未通知其他股东便转让出资份额给第三人的行为是无效的看法是正确的。

尽管公司章程规定"如果股东认为有限责任公司的经营不令其满意，可以抽回其出资或将其出资转让给股东以外的其他人"，但章程条款的内容不能与公司法的强制性规定相违背，如果与公司法的强制性规定冲突，则该章程条款无效。

《公司法》第71条规定："股东之间可以相互转让其全部出资或者部分出资。股东向股东以外的人转让其出资时，必须经全体股东过半数同意；不同意转让的股东应当购买该转让的出资，如果不购买该转让的出资，视为同意转让。经股东同意转让的出资，在同等条件下，其他股东对该出资有优先购买权。两个以上股东主张优先购买权的，协商确定各自的购买比例；协商不成的，按照转让时各自的出资比例行使优先购买权。"可知公司章程规定的股东有权不经通知即可转让股权的条款是与法律相违背的，是无效的。因此，乙不能依据无效的章程条款来行使自己的权利。

(2) 丙认为乙抽回出资的行为受公司章程的保护的看法是不正确的。

尽管公司章程规定了股东可以抽回出资,且公司章程对公司、股东有约束力,但公司章程的条款不得违反法律、法规的强制性规定。根据《公司法》第35条"公司成立后,股东不得抽逃出资"的规定,公司章程允许股东抽回出资的条款是无效条款,乙不能依据无效的章程条款行事。因此,丙认为乙抽回出资的行为受公司章程的保护的看法是不正确的。

(3) 甲迅速修改公司章程的行为既不合适也不合法。

公司章程关系到公司的发展和股东的利益,其修改应有严格的条件和程序限制,甲作为股东之一不能任意修改公司章程。《公司法》第43条规定,股东会会议作出修改公司章程、增加或者减少注册资本的决议,以及公司合并、分立、解散或者变更公司形式的决议,必须经代表三分之二以上表决权的股东通过。因此,甲的行为是不合法的。

案例3 答:(1) 李进不可以担任该有限责任公司的董事。

我国公司法对公司高级管理人员有严格的任职资格限制。根据《公务员法》的规定,公务员不得从事或者参与营利性活动,不得在企业或者其他营利性组织中兼任职务。

(2) 董事蒋林不可以成立合伙企业与其任职的有限责任公司竞争。

蒋林的行为违反了公司法规定的董事的竞业禁止的义务。竞业禁止是指在公司担任特定职务、负有特定职责的人不得自营或与他人经营与任职公司营业范围相同或类似的交易活动,如果允许他们与本公司进行竞争,公司和股东的利益就有可能受到损害,也与基本的商业道德不相吻合。

(3) 蒋林的30万元收益应归公司所有。

《公司法》第148条规定:"董事、高级管理人员不得有下列行为:(一)挪用公司资金;(二)将公司资金以其个人名义或者以其他个人的名义开立账户存储;(三)违反公司章程的规定,未经股东会、股东大会或者董事会同意,将公司资金借贷给他人或者以公司财产为他人提供担保;(四)违反公司章程的规定或者未经股东会、股东大会同意,与本公司订立合同或者进行交易;(五)未经股东会或者股东大会同意,利用职务便利为自己或者他人谋取属于公司的商业机会,自营或者为他人经营与所任职公司同类的业务;(六)接受他人与公司交易的佣金归为己有;(七)擅自披露公司秘密;(八)违反对公司忠实义务的其他行为。董事、高级管理人员违反前款规定所得的收入应当归公司所有。"

(4) 股东黄勤的想法不能实现。

公司成立后,为了保证公司资本的充足,股东不能抽回出资。虽然股东转让自己的出资份额是允许的,但有限责任公司的股份转让却受到一定的限制。《公司法》第71条规定,有限责任公司的股东之间可以相互转让其全部或者部分股权。股东向股东以外的人转让股权,应当经其他股东过半数同意。股东应就其股权转让事项书面通知其他股东征求同意,其他股东自接到书面通知之日起满30日未答复的,视为同意转让。其他股东半数以上不同意转让的,不同意的股东应当购买该转让的股权;不购买的,视为同意转让。经股东同意转让的股权,在同等条件下,其他股东有优先购买权。两个以上股东主张行使优先购买权的,协商确定各自的购买比例;协商不成的,按照转让时各自的出资比例行使优先购买权。公司章程对股权转让另有规定的,从其规定。因此,股东黄勤的想法不能成立。

第二章 合伙企业法

本章知识重点提示
- 合伙企业的概念及类型
- 普通合伙人的无限连带责任
- 法律对合伙人资格的限制
- 特殊的普通合伙企业合伙人法律责任的承担
- 有限合伙企业合伙人的数量限制
- 合伙人的入伙、退伙
- 合伙企业依法应当解散的情形

一、填空题

1. 根据《合伙企业法》的规定,合伙企业是指自然人、法人和其他组织依照合伙企业法在中国境内设立的_____和_____。

2. 在合伙企业中,合伙人共同出资,合伙经营,共享利润,并由至少一名以上的合伙人对企业债务承担_____。

3. 普通合伙企业由_____组成,全体合伙人对合伙企业债务承担_____。

4. 在特殊的普通合伙企业中,一个合伙人或者数个合伙人在执业活动中因_____造成合伙企业债务的,应当承担_____,其他合伙人以其在合伙企业中的财产份额为限承担责任。

5. 退伙是指合伙人退出合伙组织、丧失合伙人身份的行为,它包括_____、_____和_____三种形式。

6. 在普通合伙企业中,入伙的新合伙人对入伙前合伙企业的债务承担_____。

7. 与普通合伙人出资方式不同的是,有限合伙人不得以_____出资。

8. 有限合伙企业由_____个以上_____个以下合伙人设立,其中至少应当有_____个普通合伙人。

9. 当合伙协议未约定合伙期限的,合伙人在不给合伙企业事务执行造成不利影响的情况下可以退伙,但应当提前_____日通知其他合伙人。

10. 新入伙的有限合伙人对入伙前有限合伙企业的债务,以_____承担责任。

二、单项选择题

1. 甲、乙、丙成立了一家普通合伙企业,因为经营不善,企业欠下一笔债务,到期不能偿还。如果债权人丁主张债权,依据《合伙企业法》的规定,此笔债务由( )。

   A. 甲独立承担   B. 乙独立承担

   C. 丙独立承担   D. 三人承担无限连带责任

2. 合伙企业解散后,原普通合伙人对合伙企业存续期间的债务承担连带责任的期限为( )。

   A. 1年   B. 2年   C. 5年   D. 没有规定

3. 某有限合伙企业在经营期间欲吸收甲为有限合伙人,对于甲入伙前的合伙企业的债务,( )。

   A. 甲不承担责任   B. 甲承担无限连带责任

   C. 甲以其认缴的出资额为限承担责任   D. 甲以其实缴的出资额为限承担责任

4. 根据我国《合伙企业法》的规定,在下列事由发生时,不会导致合伙人当然退伙的是( )。

   A. 合伙人死亡   B. 合伙人被判处刑罚

   C. 合伙人个人丧失偿债能力   D. 合伙人被依法宣告为无民事行为能力人

5. 合伙企业对其债务应首先以( )进行清偿。

   A. 合伙人的财产   B. 合伙企业的固定资产

   C. 合伙企业的全部财产   D. 合伙企业的流动资金

6. 下列有关有限合伙企业设立条件的表述,不符合《合伙企业法》规定的是( )。

   A. 有限合伙企业至少应当有一个普通合伙人

   B. 有限合伙企业名称中可以标明"有限责任"字样

   C. 有限合伙人可以用知识产权作价出资

   D. 有限合伙企业登记事项中应当载明有限合伙人的姓名或名称

7. 甲、乙、丙按照合伙协议共同出资设立一家普通合伙企业,甲任合伙企业事务执行人。依照我国《合伙企业法》的规定,关于合伙人对合伙企业承担的责任的表述,正确是( )。

   A. 全体合伙人对企业债务均承担有限责任

   B. 甲作为合伙企业事务执行人,对企业债务承担无限责任,其他合伙人对企业债务承担有限责任

   C. 合伙人对企业债务责任的承担由合伙协议约定

   D. 全体合伙人对企业债务均承担无限连带责任。

8. 根据《合伙企业法》的有关规定,普通合伙人承担合伙企业债务责任的方式是( )。

   A. 对外承担连带责任,对内承担按份责任

   B. 对内、对外均承担连带责任

   C. 对内、对外均承担按份责任

   D. 对内承担连带责任,对外承担按份责任

9. 甲、乙、丙三人成立一家有限合伙企业,其中,甲为普通合伙人,乙、丙均为有限合伙人。经营一段时间后,按照合伙协议的约定,乙、丙相继转换为普通合伙人。对于这种情况,下列说法正确的是( )。

   A. 该合伙企业应当解散

   B. 该合伙企业应当转变为普通合伙企业

C. 该合伙企业应当转变为特殊的有限合伙企业

D. 乙和丙不得全部转变为普通合伙人

10. 合伙企业清算时，清算人可以从下列（　　）项中产生。

A. 经全体合伙人过半数同意，可以自合伙企业解散事由出现后 15 日内指定一名合伙人担任

B. 合伙企业解散事由出现后 15 日内未能确定清算人的，由市场监督管理部门指定清算人

C. 由人民法院委托清算人

D. 由原合伙企业事务执行人担任

三、多项选择题

1. 下列事项中，导致普通合伙人当然退伙的有（　　）。

A. 刘某下落不明满 4 年，被人民法院依法宣告死亡

B. 张某未按合伙协议的约定缴纳资金

C. 李某的公司被依法宣告破产

D. 王某因车祸成为植物人，被依法宣告为无民事行为能力人

2. 甲、乙、丙三人共同设立了一家普通合伙企业，在执行合伙企业的事务中，需要经过全体合伙人一致同意的有（　　）。

A. 将合伙企业原有的名称三剑客科技投资中心改为三侠客科技投资中心

B. 将合伙企业主要经营场所从 A 地迁往 B 地

C. 处分合伙企业的一处房产

D. 以合伙企业的名义为丁公司提供担保

3. 下列选项中不能成为普通合伙人的是（　　）。

A. 国有独资公司　　　　　　　　B. 国有企业

C. 上市公司　　　　　　　　　　D. 公益性的事业单位

4. 关于有限合伙企业中各合伙人出资及有限合伙的合伙事务执行的有关表述，下列说法正确的是（　　）。

A. 有限合伙企业的登记事项中应当载明有限合伙人的姓名或者名称以及认缴的出资额

B. 有限合伙人未按期足额缴纳出资的，应承担补缴义务并对其他合伙人承担违约责任

C. 有限合伙人可以用土地使用权或者其他财产权利作价出资，但不得以劳务出资

D. 有限合伙企业由普通合伙人执行合伙事务，其可以要求在合伙协议中确定执行事务的报酬

5. 根据我国《合伙企业法》的规定，合伙企业有（　　）情形之一的，应当解散。

A. 合伙协议约定的解散事由出现

B. 合伙协议约定的合伙目的已经实现或者无法实现

C. 一半以上的合伙人决定解散

D. 依法被吊销营业执照、责令关闭或者被撤销

6. 有限合伙人的出资方式有（　　）。

A. 货币和实物　　B. 知识产权　　C. 劳务　　D. 土地使用权

7. 下列事项必须经过全体合伙人同意的是（　　）。

A. 处分合伙企业的不动产

B. 聘任合伙人以外的人担任合伙企业的经营管理人员
C. 对外签订买卖合同
D. 新人入伙

8. 某有限合伙企业吸收甲为该企业的有限合伙人。对甲入伙前该企业已有的债务,下列表述中不符合《合伙企业法》规定的是( )。
A. 甲不承担责任　　　　　　　　B. 甲以其认缴的出资额承担责任
C. 甲以其实缴的出资额承担责任　　D. 甲承担无限责任

9. 甲欲加入乙、丙的普通合伙企业。下列各项要求中,( )是甲入伙时需满足的条件。
A. 除合伙协议另有约定外,乙、丙应一致同意,并与甲签订书面的入伙协议
B. 乙、丙应向甲告知合伙企业的经营状况和财务状况
C. 甲应向乙、丙说明自己的个人负债情况
D. 甲对入伙前的该合伙企业的债务不承担连带责任

10. 根据《合伙企业法》的有关规定,下列有关普通合伙企业的说法中,不正确的是( )。
A. 合伙人可以以劳务出资
B. 入伙的新合伙人对入伙前合伙企业的债务不承担连带责任
C. 退伙人对其退伙后合伙企业的债务承担连带责任
D. 合伙人之间约定的合伙企业亏损的分担比例对合伙人和债权人没有约束力

四、判断题

1. 合伙企业的设立较为灵活,合伙协议可以是口头形式,也可以是书面形式。( )
2. 在有限合伙企业中,所有合伙人均对企业债务承担有限责任。( )
3. 合伙企业的合伙人对企业债务都承担无限连带责任。( )
4. 国有独资公司、国有企业、上市公司以及公益性的事业单位、社会团体均不得成为合伙人。( )
5. 有限合伙企业只能由普通合伙人执行合伙事务。( )
6. 合伙人为自然人的,应当具有完全民事行为能力。( )
7. 普通合伙人可以用货币、实物、知识产权、土地使用权或者其他财产权利出资,也可以用劳务出资。( )
8. 修改或者补充合伙协议,经全体合伙人一半以上同意即可。( )
9. 合伙人之间转让在合伙企业中的全部或者部分财产份额时,应当征得其他合伙人的同意。( )
10. 在普通合伙企业中,新合伙人对入伙前合伙企业的债务也应当承担无限连带责任。
( )

五、名词解释

1. 有限合伙企业
2. 自愿退伙

六、简答题

1. 简述合伙协议的主要内容。

2. 简述除名合伙的事由。

七、论述题
试述设立普通合伙企业应当具备的条件。

八、案例分析题
2020年1月,赵某、钱某、孙某、李某四人决定设立一家有限合伙企业,其中,赵某、钱某为普通合伙人,孙某和李某为有限合伙人。四人通过电话会议确立了合伙协议,内容包括:(1)赵某以货币出资10万元,钱某以实物折价出资8万元,孙某以劳务出资6万元,李某以货币出资4万元;(2)由孙某执行合伙企业事务,对外代表合伙企业;(3)合伙企业拟命名为上海市利好技术服务有限责任公司。赵某、钱某和孙某三人分别在书面合伙协议上签字、盖章,李某由于出差在外,未能签字、盖章。随后,赵某、钱某和孙某三人积极筹备合伙企业成立事宜,并在取得营业执照前以合伙企业的名义对外进行经营活动。

问:该案存在哪些不合法之处?

参 考 答 案

一、填空题
1. 普通合伙企业　有限合伙企业
2. 无限责任
3. 普通合伙人　无限连带责任
4. 故意或者重大过失　无限责任或者无限连带责任
5. 自愿退伙　当然退伙　除名退伙
6. 无限连带责任
7. 劳务
8. 2　50
9. 30
10. 其认缴的出资额为限

二、单项选择题
1. D　2. D　3. C　4. B　5. C　6. B　7. D　8. A　9. B　10. A

三、多项选择题
1. ACD　2. ABCD　3. ABCD　4. ABCD　5. ABD　6. ABD　7. ABD　8. ACD
9. AB　10. BCD

四、判断题
1. 错　2. 错　3. 错　4. 错　5. 对　6. 对　7. 对　8. 错　9. 错　10. 对

五、名词解释
1. 有限合伙企业:是指由普通合伙人和有限合伙人组成,普通合伙人对合伙企业债务承担无限连带责任,有限合伙人以其认缴的出资额为限对合伙企业债务承担责任的合伙企业形式。

2. 自愿退伙：又称声明退伙，是指合伙人依照合伙协议的约定或者按照自己的意愿单方面向其他合伙人声明退伙。

六、简答题

1. 简述合伙协议的主要内容。

答：合伙协议是合伙人经协商一致订立的确定合伙人权利和义务的书面协议，是合伙企业设立的基础。合伙协议应载明以下事项：(1) 合伙企业的名称和主要经营场所的地点；(2) 合伙目的和合伙经营范围；(3) 合伙人的姓名或者名称、住所；(4) 合伙人的出资方式、数额和缴付期限；(5) 利润分配、亏损分担方式；(6) 合伙事务的执行；(7) 入伙与退伙；(8) 争议解决办法；(9) 合伙企业的解散与清算；(10) 违约责任。

2. 简述除名合伙的事由。

答：根据《合伙企业法》第49条的规定，合伙人有下列情形之一的，经其他合伙人一致同意，可以决议将其除名：(1) 未履行出资义务；(2) 因故意或者重大过失给合伙企业造成损失；(3) 执行合伙事务时有不正当行为；(4) 发生合伙协议约定的事由。

七、论述题

试述设立普通合伙企业应当具备的条件。

答：设立普通合伙企业应当具备下列条件：

(1) 有两个以上合伙人。合伙人为自然人的，应当具有完全民事行为能力。合伙人可以是自然人，也可以为法人或其他组织。法律、行政法规禁止从事营利性活动的人不得成为合伙企业的合伙人。

(2) 有书面合伙协议。合伙协议应载明以下事项：合伙企业的名称和主要经营场所的地点；合伙目的和合伙经营范围；合伙人的姓名或者名称、住所；合伙人的出资方式、数额和缴付期限；利润分配、亏损分担方式；合伙事务的执行；入伙与退伙；争议解决办法；合伙企业的解散与清算；违约责任。合伙协议经全体合伙人签名、盖章后生效。

(3) 有合伙人认缴或者实际缴付的出资。合伙人可以用货币、实物、知识产权、土地使用权或者其他财产权利出资，也可以用劳务出资。以非货币财产形式出资，需要评估作价的，可以由全体合伙人协商确定，也可以由全体合伙人委托法定评估机构评估。以劳务出资的，其评估办法由全体合伙人协商确定，并需要在合伙协议中载明。

(4) 有合伙企业的名称和生产经营场所。合伙人在成立合伙企业时必须确定合伙名称，并载入合伙协议。合伙企业的经营场所是合伙企业经常性、持续性地从事生产经营活动的必要场所，没有经营场所就无法进行生产经营活动。

(5) 法律、行政法规规定的其他条件。

八、案例分析题

答：(1) 合伙企业协议无效。《合伙企业法》第4条规定："合伙协议依法由全体合伙人协商一致、以书面形式订立。"该法第19条规定："合伙协议经全体合伙人签名、盖章后生效。"本案中，赵某、钱某、孙某、李某四人拟成立合伙企业，虽然订立了书面协议，但作为合伙人之一的李某没有在协议上签字、盖章，依照《合伙企业法》的规定，该协议无效。

(2) 孙某的出资方式不合法。《合伙企业法》第64条规定，有限合伙人可以用货币、实物、知识产权、土地使用权或者其他财产权利作价出资,但不得以劳务出资。所以,该案中的孙某,作为有限合伙人,不能以劳务出资。

(3) 孙某执行合伙企业事务,对外代表合伙企业的做法不合法。《合伙企业法》第 67 条规定,有限合伙企业应由普通合伙人执行合伙事务,有限合伙人不执行合伙事务,不得对外代表有限合伙企业。因此,本案中的合伙企业只能由赵某或钱某执行企业事务,而不能由有限合伙人孙某和李某执行合伙企业事务,对外代表合伙企业。

(4) 合伙企业名称不合法。根据《合伙企业法》的相关规定,有限合伙企业名称中应当标明"有限合伙"字样,但不能在名称中使用"有限责任"和"公司"字样。

(5) 在取得营业执照前,以合伙企业的名义对外进行经营活动不合法。《合伙企业法》第 11 条规定,合伙企业的营业执照签发日期,为合伙企业成立的日期。合伙企业领取营业执照前,合伙人不得以合伙企业的名义从事合伙业务。

第三章
个人独资企业法律制度

本章知识重点提示
- 个人独资企业的概念
- 个人独资企业的设立条件
- 个人独资企业应当解散的情况

一、填空题

1. 根据我国法律的规定，个人独资企业以其_____为住所。

2. 任何单位和个人不得违反法律、行政法规的规定，以任何方式强制个人独资企业提供_____、_____和_____。

3. 个人独资企业解散后，原投资者对个人独资企业存续期间的债务仍应承担偿还责任，但债权人在_____年内未向债务人提出偿债请求的，该责任消灭。

二、单项选择题

1. 按照个人独资企业清算中清偿债务的顺序，第一顺序得到清偿的是（　　）。
   A. 企业所欠税款　　　　　　　　B. 投资者所欠税款
   C. 所欠职工工资　　　　　　　　D. 担保债务

2. 《个人独资企业法》适用于（　　）。
   A. 由一个自然人投资设立的企业　　B. 由一个外国人投资设立的企业
   C. 由一个社会团体投资设立的企业　D. 由国家独立投资的企业

3. 下列命题中，错误的表述是（　　）。
   A. 个人独资企业是由一个自然人投资设立的
   B. 个人独资企业是一个独立的财产权主体
   C. 个人独资企业不具有法人资格
   D. 个人独资企业的投资者对企业的债务承担无限责任

4. 根据我国法律的规定，下列人员可以申请设立个人独资企业的是（　　）。
   A. 公务员李某　　　　　　　　　B. 学龄儿童王某
   C. 律师孙某　　　　　　　　　　D. 警察张某

5. 个人独资企业财产不足以清偿企业债务的，投资者应当以其（　　）予以清偿。
   A. 个人的其他财产　　　　　　　B. 家庭成员的财产
   C. 投资额的限度内　　　　　　　D. 可以不再承担清偿责任

三、多项选择题

1. 设立个人独资企业应当具备的条件有（　　　）。
   A. 有合格的企业名称
   B. 投资者为一个自然人
   C. 有投资人申报的出资
   D. 有固定的生产经营场所和必要的生产经营条件
   E. 投资者的投资达到法律规定的最低限额

2. 个人独资企业的投资者对企业的财产享有（　　　）。
   A. 企业财产所有权
   B. 企业经营权
   C. 企业财产继承权
   D. 依法对企业财产进行转让的权利
   E. 企业管理权

3. 根据我国《个人独资企业法》的规定，个人独资企业有（　　　）情形之一的，应当解散。
   A. 投资人决定解散
   B. 投资人死亡或者被宣告死亡，无继承人或者继承人决定放弃继承
   C. 被依法吊销营业执照
   D. 企业严重亏损
   E. 法律、行政法规规定的其他情形

四、判断题

1. 我国个人独资企业的投资者对企业债务承担无限连带责任。（　　）

2. 个人独资企业是指依照《中华人民共和国个人独资企业法》在中国境内设立，由一个以上自然人投资，财产为投资个人所有，投资人以其个人财产对企业债务承担无限连带责任的经营实体。（　　）

五、名词解释

1. 个人独资企业
2. 个人独资企业的解散

六、简答题

1. 简述个人独资企业的特征。
2. 简述个人独资企业的设立条件。
3. 简述个人独资企业的解散事由。

七、论述题

个人独资企业的投资人对企业债务的无限责任与合伙企业中合伙人的无限连带责任有什么区别？

八、案例分析题

2020年5月，李某投资6万元成立红星个人独资企业。2021年6月，李某因经营管理不善，出现负债经营，李某决定解散红星企业。经清算，红星企业现有财产4万元，但欠职工工资2万元，欠社会保险费用1万元，欠国家税款8 000元，还欠甲公司债务3万元，欠乙公

司债务 2 万元。

问：对红星企业的财产应如何分配？对各债权人的债权应如何处理？

参 考 答 案

一、填空题

1. 主要办事机构所在地
2. 人力　物力　财力
3. 5

二、单项选择题

1. C　2. A　3. B　4. C　5. A

三、多项选择题

1. ABCD　2. ABCDE　3. ABCE

四、判断题

1. 错　2. 错

五、名词解释

1. 个人独资企业：是指依照《个人独资企业法》在中国境内设立，由一个自然人投资，财产为投资人个人所有，投资人以其个人财产对企业债务承担无限责任的经营实体。

2. 个人独资企业的解散：是指由投资人自行清算或者由债权人申请人民法院指定清算人进行清算。投资人自行清算的，应当在清算前 15 日内书面通知债权人，无法通知的，应当予以公告。

六、简答题

1. 简述个人独资企业的特征。

答：个人独资企业具有如下特征：

（1）个人独资企业必须由一个自然人投资，有合法的企业名称、固定的生产经营场所和必要的生产经营条件以及必要的从业人员，经市场监督管理部门登记取得经营主体资格；

（2）个人独资企业的财产为投资人个人所有，由个人独立投资，独立经营，独立享受收益、承担风险，并依法承担无限责任；

（3）个人独资企业是一种个人独立的经营体；

（4）个人独资企业是一个营利性的经济组织，是一种独立进行商品经营活动，并以营利为目的的经济组织。

2. 简述个人独资企业的设立条件。

答：根据我国《个人独资企业法》的规定，设立个人独资企业应当具备以下条件：

（1）投资人为一个自然人，但法律、行政法规禁止从事营利性活动的人，不得作为投资人申请设立个人独资企业；

（2）有合法的企业名称，个人独资企业的名称应当与其责任形式及从事的行业相符合；

(3) 有投资人申报的出资,包括投资的出资额和出资方式;

(4) 有固定的生产经营场所和必要的生产经营条件;

(5) 有必要的从业人员。

3. 简述个人独资企业的解散事由。

答:根据我国法律规定,个人独资企业有下列情况之一的,应当解散:

(1) 投资人决定解散;

(2) 投资人死亡或者被宣告死亡,无继承人或者继承人决定放弃继承;

(3) 被依法吊销营业执照;

(4) 法律、行政法规规定的其他情形。

七、论述题

个人独资企业的投资人对企业债务的无限责任与合伙企业中合伙人的无限连带责任有什么区别?

答:二者的区别应主要从以下方面进行理解:

因为个人独资企业的投资人只有一个,所以,该唯一的投资人对企业债务的无限责任是以其个人全部财产对企业债务予以承担,如果企业解散时,以投资人全部财产仍不足清偿债务的,企业解散后,该投资人仍应为该未清偿的债务继续承担责任。也就是说,企业的所有债务均只由该投资人承担。

合伙企业的合伙人为二人以上的数个投资人。按照法律的规定,合伙人对企业债务承担的是无限连带责任。合伙人的无限连带责任又分为对外方面与对内方面。

(1) 在对外方面,合伙企业对外是一个整体,任何一个合伙人都可以代表合伙企业与第三人为法律行为。因此,合伙企业的债权人可以请求企业的任何一个合伙人承担自己的部分或全部债务的清偿责任,该被要求偿还债务的合伙人不能对债权人的请求予以拒绝。

(2) 在对内方面,合伙企业的合伙人一般情况下都是按照合伙协议中有关债务承担的比例对企业的债务承担责任(常常是按照投资比例进行承担)。在其中的一个合伙人对企业的债务进行了偿还的情况下,该合伙人依法对超过自己应承担的数额部分有权向其他合伙人进行追偿。如果在合伙企业解散时,所有合伙人的全部财产仍不足以清偿企业债务,则合伙人在企业解散后,仍然对未清偿的企业债务承担责任。

八、案例分析题

答:个人独资企业解散的,财产应当按照下列顺序清偿:(1) 所欠职工工资和社会保险费用;(2) 所欠税款;(3) 其他债务。

本案例中,应该首先清偿职工工资 2 万元和社会保险费用 1 万元,然后清偿国家税款 8 000 元,剩下的 2 000 元清偿其他债务,若个人独资企业财产不足以清偿债务的,应当以其个人的其他财产予以清偿。

个人独资企业解散后,原投资人对个人独资企业存续期间的债务仍应承担偿还责任,但债权人在 5 年内未向债务人提出偿债请求的,该责任消灭。

第三编

市场运行法律制度

第一章
合同法律制度

本章知识重点提示
- 合同的概念
- 我国《民法典》合同编的调整对象
- 合同的订立过程和方式
- 合同的效力
- 可撤销合同及无效合同的法律后果
- 合同履行中的抗辩权
- 违约的概念及种类
- 违约责任的承担方式
- 买卖合同及其法律规定
- 借款合同及其法律规定

一、填空题

1. 合同的主体包括＿＿＿＿、＿＿＿＿和其他组织。
2. 我国的《民法典》适用于平等主体之间的＿＿＿＿合同,但有关＿＿＿＿关系的协议除外。
3. 我国《民法典》规定,涉外合同当事人没有选择处理合同争议所适用的法律的,应适用＿＿＿＿＿＿＿＿＿＿的国家的法律。
4. 订立合同的程序包括＿＿＿＿和＿＿＿＿两个阶段。
5. 根据我国《民法典》的规定,合同履行费用的负担不明确的,由＿＿＿＿＿负担。
6. 执行政府定价逾期交货的,遇价格上涨时,按照＿＿＿＿执行;遇价格下降时,按照＿＿＿＿执行。
7. 合同的解除包括＿＿＿＿解除和单方解除两种形式,单方解除又包括＿＿＿＿解除和＿＿＿＿解除两种形式。
8. 违约行为的形态包括＿＿＿＿、不适当履行和＿＿＿＿。
9. 违约责任的形式主要有＿＿＿＿、＿＿＿＿、违约金、＿＿＿＿和其他责任形式等。
10. 给付定金的一方如不履行合同,定金＿＿＿＿;接受定金的一方如不履行合同,定金应当＿＿＿＿。
11. 违约责任的免责包括＿＿＿＿和当事人＿＿＿＿两种情况,而前者的免责事由仅仅发生在_____的情形下。

12. 买卖合同是一方转移标的物的_____给对方,由对方给付_____的合同。

二、单项选择题

1. 根据我国《民法典》的规定,下列各项属于合同编调整范围的是( )。
A. 买卖关系　　　　　　　　　B. 企业内部管理关系
C. 婚姻关系　　　　　　　　　D. 行政管理关系

2. 根据我国《民法典》的规定,要约生效的时间是( )。
A. 要约人发出要约的时间　　　B. 要约寄出的时间
C. 要约到达受要约人的时间　　D. 承诺返回的时间

3. 根据我国《民法典》的规定,被撤销的合同没有法律约束力的起始时间是( )。
A. 当事人订立合同时　　　　　B. 当事人向人民法院提出申请时
C. 人民法院受理当事人的申请时　D. 合同被撤销时

4. 甲公司与乙公司签订了购买10辆汽车的合同。就在乙公司将汽车交付甲公司时,被市场监督管理部门查出该批汽车是走私物品而予以查封。根据我国《民法典》关于合同效力的规定,该买卖汽车合同属于( )。
A. 有效合同　　B. 无效合同　　C. 可撤销合同　　D. 效力待定合同

5. 无效合同自( )起无效。
A. 宣告无效之时　　　　　　　B. 产生纠纷之时
C. 订立时　　　　　　　　　　D. 履行时

6. 法人或者其他组织的法定代表人、负责人超越权限订立合同的行为,一般情况下,该代表行为( )。
A. 有效　　　B. 视为有效　　C. 无效　　D. 经追认有效

7. 当事人采用合同书形式订立合同的,合同成立的地点为( )。
A. 当事人住所地　　　　　　　B. 当事人主营业地
C. 标的物所在地　　　　　　　D. 双方当事人签字或盖章地

8. 我国对合同权利转让采取的是( )。
A. 自由主义　　B. 通知主义　　C. 法定主义　　D. 当事人同意主义

9. 根据《民法典》的规定,借款合同中,若双方当事人对借款期限没有约定或者约定不明确,依照相关规定仍不能确定借款期限的,借款人( )。
A. 必须马上返还借款　　　　　B. 经贷款人催要后马上返还借款
C. 必须在3个月内返还借款　　D. 可以随时返还借款

三、多项选择题

1. 下列选项中,属于要约邀请的是( )。
A. 拍卖公告　　B. 商品价目表　　C. 投标书　　D. 悬赏广告

2. 根据我国《民法典》的规定,合同的主体可以为( )。
A. 自然人　　B. 法人　　C. 社会组织　　D. 其他经济组织
E. 个体经营户、专业户

3. 根据我国《民法典》的规定,合同的主要条款一般包括( )等。

A. 标的 B. 质量 C. 价款或酬金 D. 担保条款
E. 违约责任

4. 当事人解决合同争议的途径包括(　　　　)。
A. 和解 B. 仲裁 C. 诉讼 D. 调解
E. 行政途径解决

5. 根据《民法典》的规定,当事人可以解除合同的情形有(　　　　)。
A. 因不可抗力致使不能实现合同目的
B. 当事人一方明确表示不履行主要债务
C. 当事人一方迟延履行主要债务,经催告后在合理期限内仍未履行
D. 当事人一方迟延履行债务,致使不能实现合同目的
E. 当事人一方严重违约

6. 合同履行中的抗辩权包括(　　　　)。
A. 同时履行抗辩权　　　　　　　　B. 后履行抗辩权
C. 先履行抗辩权　　　　　　　　　D. 不安履行抗辩权
E. 检索抗辩权

7. 合同被撤销后,对因该合同取得的财产,当事人可能承担的民事责任包括(　　　　)。
A. 返还财产 B. 折价赔偿 C. 赔偿损失 D. 支付违约金
E. 赔礼道歉

四、判断题

1. 债权人依法行使代位权,就其结果可以优先受偿。(　　)
2. 承诺生效,合同成立。(　　)
3. 合同当事人违约,但未给对方当事人造成损失的,可以不支付违约金。(　　)
4. 合同生效后,当事人不得因姓名、名称的变更或者法定代表人、负责人、承办人的变动而不履行合同义务。(　　)
5. 当合同债权债务同归于一人时,合同即告终止。(　　)
6. 借款合同中,贷款方可以预先在本金中扣除利息。(　　)
7. 自然人之间的借款合同利息可以自行约定,不受国家限制利息的规定约束。(　　)

五、名词解释

1. 缔约过失责任
2. 合同的履行
3. 合同的变更
4. 合同的解除
5. 合同的终止
6. 预期违约
7. 不安抗辩权
8. 借款合同

六、简答题

1. 简述合同的自愿原则之内容。

2. 简述要约的失效情形。
3. 简述不安抗辩权中当事人可以中止合同履行的情形。
4. 简述合同解除的法律特征。
5. 简述合同变更的要件。
6. 简述合同终止的条件。
7. 简述合同解除的条件。
8. 简述合同解除的事由。

七、论述题

1. 试论述买卖合同的概念以及出卖人的义务。
2. 试论述借贷合同双方的权利和义务以及借贷利息。

八、案例分析题

东方工业公司与利华机械厂签订合同，约定由利华机械厂为东方工业公司生产 10 台符合一定标准的机床；并约定东方工业公司预付货款 3 万元，机床安装使用后，如无质量问题，再支付其余货款；同时双方签订仲裁协议，约定合同履行过程中如发生纠纷，则向某仲裁委员会申请仲裁。

东方工业公司将机床安装投入生产后，加工的产品废品率大大超过合同规定的标准。经检查，产生废品的原因是机床的一个重要参数不合格，利华机械厂多次派人对机床进行修理，仍不能达到合格标准。为此给东方工业公司造成 50 万元的经济损失。

东方工业公司遂通知利华机械厂解除合同，要求退回机床并返还预付款，同时要求赔偿其经济损失 50 万元，利华机械厂拒绝了东方工业公司的要求。东方工业公司认为合同已经解除，仲裁协议也随之失效，于是向法院提起诉讼。法院受理后，将起诉状副本发送被告。开庭前，利华机械厂向法院提交了与东方工业公司的仲裁协议。法院裁定驳回起诉。

根据上述情况和《民法典》等法律的有关规定，回答下列问题：

（1）东方工业公司解除其与利华机械厂合同的做法是否合法？为什么？
（2）东方工业公司要求退回机床，返还预付款并赔偿 50 万元经济损失是否合法？为什么？
（3）东方工业公司认为合同解除，仲裁协议也随之失效的观点是否正确？为什么？
（4）法院裁定驳回起诉是否合法？为什么？

参 考 答 案

一、填空题

1. 自然人　法人
2. 民事　身份
3. 与合同有最密切联系
4. 要约　承诺
5. 履行义务的一方

6. 新价格　原价格
7. 双方协议　法定　约定
8. 不履行　预期违约行为
9. 继续履行　赔偿损失　补救措施
10. 不能收回　双倍返还
11. 法定免责　约定免责　不可抗力
12. 所有权　价款

二、单项选择题

1. A　2. C　3. A　4. B　5. C　6. A　7. D　8. B　9. D

三、多项选择题

1. AB　2. ABCDE　3. ABCE　4. ABCD　5. ABCD　6. ABCD　7. ABC

四、判断题

1. 错误　2. 正确　3. 错误　4. 正确　5. 正确　6. 错误　7. 错误

五、名词解释

1. 缔约过失责任：是指在签订合同的过程中，由于一方当事人的过失导致合同未成立，并给相对无过失当事人造成了损失，有过失的一方当事人就此损失应承担的赔偿责任。

2. 合同的履行：是指合同当事人按照合同约定，各自全面地、适当地承担及完成其义务，实现相对合同当事人权利的行为。

3. 合同的变更：是指在法律上有效成立的合同在尚未履行或未履行完毕之前，由于发生了一定的法律事实而使得合同的内容发生改变。

4. 合同的解除：是指在合同有效成立后，在一定条件下通过当事人的单方行为或者双方合意，使基于合同产生的民事权利义务关系归于消灭的行为。

5. 合同的终止：是指因法律规定的一定事由的产生或出现使合同的权利义务归于消灭。

6. 预期违约：是指合同履行期限届满之前，当事人一方明确表示或者以自己的行为表明不履行合同义务的行为。

7. 不安抗辩权：又称中止履行权或先履行抗辩权，是指双务合同成立后，应当先履行债务的当事人，有确切证据证明对方不能履行债务或者有不能履行债务的可能时，在对方没有发生或者没有提供担保之前，有中止履行合同义务的权利。

8. 借款合同：是指借款人向贷款人借款，到期返还借款并支付利息的合同。

六、简答题

1. 简述合同的自愿原则之内容。

答：我国《民法典》第 5 条规定："民事主体从事民事活动，应当遵循自愿原则，按照自己的意思设立、变更、终止民事法律关系。"合同自愿原则又称为合同自由原则，它包括以下几个方面的内容：

（1）当事人有自愿决定是否订立合同而进行协商以及自主选择合同相对当事人的自由；

（2）当事人有决定合同内容的自由，只要在法律允许的前提下，当事人自愿协商合同条款；

(3) 在协商一致的条件下,当事人有自愿变更或解除合同的权利;
(4) 当事人有选择合同形式、创设合同类型的自由。

2. 简述要约的失效情形。

答:根据《民法典》第478条的规定,有下列情形之一的,要约失效:
(1) 要约被拒绝;
(2) 要约被依法撤销;
(3) 承诺期限届满,受要约人未作出承诺;
(4) 受要约人对要约的内容作出实质性变更。

3. 简述不安抗辩权中当事人可以中止合同履行的情形。

答:《民法典》第527条对当事人的不安抗辩权作出如下规定:应当先履行债务的当事人,有确切证据证明对方有下列情形之一的,可以中止履行(合同):
(1) 经营状况严重恶化;
(2) 转移财产、抽逃资金,以逃避债务;
(3) 丧失商业信誉;
(4) 有丧失或者可能丧失履行债务能力的其他情形。

合同当事人在行使其不安抗辩权中止履行合同时,应当及时通知对方当事人。

4. 简述合同解除的法律特征。

答:合同的解除具有以下法律特征:
(1) 合同解除的对象是已经有效成立的合同;
(2) 合同解除需通过当事人的解除行为来实现,解除行为包括合同当事人协商一致解除的双方行为,也包括行使解除权的单方行为。协商一致解除合同依据的是合同自由原则,单方解除合同则包括法定解除权与约定解除权两种情形。

5. 简述合同变更的要件。

答:根据《民法典》的规定,合同变更必须符合以下条件:
(1) 原先已存在合同关系;
(2) 合同的内容发生了变化;
(3) 合同的变更应依当事人的协议或法律直接规定及法院的裁决而进行;
(4) 应遵守关于合同变更的法律的形式要求。

6. 简述合同终止的条件。

答:《民法典》第557条规定,有下列情形之一的,债权债务终止:
(1) 债务已经履行;
(2) 债务相互抵销;
(3) 债务人依法将标的物提存;
(4) 债权人免除债务;
(5) 债权债务同归于一人;
(6) 法律规定或者当事人约定终止的其他情形。

合同解除的,该合同的权利义务关系终止。

7. 简述合同解除的条件。

答:解除合同必须具备的条件如下:

(1) 合同有效成立;
(2) 具有解除事由;
(3) 在期限之内行使解除权;
(4) 须有解除行为。

8. 简述合同解除的事由。

答:根据《民法典》第563条的规定,有下列情形之一的,当事人可以解除合同:
(1) 因不可抗力致使不能实现合同目的;
(2) 在履行期限届满前,当事人一方明确表示或者以自己的行为表明不履行主要债务;
(3) 当事人一方迟延履行主要债务,经催告后在合理期限内仍未履行;
(4) 当事人一方迟延履行债务或者有其他违约行为,致使不能实现合同目的;
(5) 法律规定的其他情形。

以持续履行的债务为内容的不定期合同,当事人可以随时解除合同,但是应当在合理期限之前通知对方。

七、论述题

1. 试论述买卖合同的概念以及出卖人的义务。

答:我国《民法典》中所称的买卖合同,是指出卖人转移标的物的所有权于买受人,买受人支付价款的合同。

《民法典》规定出卖人有如下义务:

(1) 依约或依法交付标的物。

出卖人在交付合同标的物时,负有以下义务:

① 按照约定的种类、规格、质量、数量、时间、地点、方式等交付标的物;

② 标的物有从物的,若无另外约定,从物应随主物一并交付;

③ 按照约定或者交易习惯向买受人提交标的物单证以外的有关单证和资料,如产品使用说明书、产品合格证书、保修证书等。

(2) 转移标的物的所有权。

法律规定,出卖人出卖的标的物,应当属于出卖人所有或者出卖人有权处分;买卖合同当事人订立买卖合同的目的,是获得标的物的所有权或处分权。转移标的物的所有权包括标的物的实际交付和交付标的物的有关产权凭证及有关权利证明等。所有权自标的物交付时起转移,法律另有规定或者当事人另有约定的除外。

(3) 标的物权利的瑕疵担保责任。

出卖人必须担保其出卖的标的物不存在权利瑕疵。所谓权利瑕疵,是指出卖人出卖的标的物上负担有除买受人以外的第三人的合法权利,第三人于标的物交付买受人后,向买受人主张自己的合法权利,从而妨碍买受人取得标的物的所有权或处分权,使得买受人从出卖人处所获得的权利存在瑕疵。一般来说,第三人对标的物享有的合法权利主要有抵押权、留置权、租赁权、地役权、质权等。《民法典》第612条规定,出卖人就交付的标的物,负有保证第三人对该标的物不享有任何权利的义务,但是法律另有规定的除外。

出卖人除了应当保证其出卖的标的物不存在权利瑕疵以外,还应当保证标的物没有侵犯他人的知识产权。如果标的物存在侵权,则应由出卖人承担侵权责任,并赔偿因此给买受人造成的损失。

(4) 标的物质量的瑕疵担保责任。

出卖人的此种担保责任是指出卖人必须保证其所出卖的标的物在适用、安全、效用等方面符合合同规定的标准或者应符合国家标准、行业标准。如果出卖的标的物质量与约定或法律规定的不符,即为标的物存在瑕疵,出卖人应承担违约责任,若因此给买受人或买受人以外的其他人造成了人身或财产方面的损害,出卖人还应承担侵权责任。

2. 试论述借贷合同双方的权利和义务以及借贷利息。

答:(1) 借贷双方当事人的权利和义务。

订立借款合同,借款人应当按照贷款人的要求提供与借款有关的业务活动和财务状况的真实情况以及相应的担保,并应当按照约定向贷款人定期提供有关财务会计报表等资料。贷款人按照约定可以检查、监督借款的使用情况。

借款人未按照约定的日期、数额收取借款的,应当按照约定的日期、数额支付利息。借款人未按照约定的借款用途使用借款的,贷款人可以停止发放借款、提前收回借款或者解除合同。贷款人未按照约定的日期、数额提供借款,造成借款人损失的,应当赔偿损失。

借款人应当按照约定的期限支付利息。对支付利息的期限没有约定或者约定不明确,依据《民法典》第 510 条的规定仍不能确定,借款期间不满一年的,应当在返还借款时一并支付;借款期间一年以上的,应当在每届满一年时支付,剩余期间不满一年的,应当在返还借款时一并支付。

借款人应当按照约定的期限返还借款。对借款期限没有约定或者约定不明确,依据《民法典》第 510 条的规定仍不能确定的,借款人可以随时返还;贷款人可以催告借款人在合理期限内返还。

(2) 关于借款合同的利息。

禁止高利放贷,借款的利率不得违反国家有关规定。

借款合同对支付利息没有约定的,视为没有利息。

借款合同对支付利息约定不明确,当事人不能达成补充协议的,按照当地或者当事人的交易方式、交易习惯、市场利率等因素确定利息;自然人之间借款的,视为没有利息。

八、案例分析题

答:(1) 东方工业公司解除其与利华机械厂合同的行为合法。根据《民法典》的规定,当事人一方延迟履行债务或者有其他违约行为致使不能实现合同目的的,当事人可以解除合同。利华机械厂虽多次派人修理机床,仍不能使交付的机床达到合格标准。因此,东方工业公司可以通知解除其与利华机械厂的合同。

(2) 东方工业公司要求退回机床、返还预付款并赔偿 50 万元经济损失合法。根据《民法典》的规定,合同解除后,已经履行的,根据履行情况和合同性质,当事人可以要求恢复原状、采取其他补救措施,并有权要求赔偿损失。

(3) 东方工业公司认为合同解除、仲裁协议也随之失效的观点不正确。根据《仲裁法》的规定,仲裁协议独立存在,合同的变更、解除、终止或者无效不影响仲裁协议的效力。

(4) 法院裁定驳回起诉合法。根据《仲裁法》的规定,当事人达成仲裁协议,一方向人民法院起诉未声明有仲裁协议,人民法院受理后,另一方在首次开庭前提交仲裁协议的,人民法院应当驳回起诉。

第二章
担保法律制度

本章知识重点提示
- 担保的定义
- 担保的方式
- 一般保证与连带责任保证的区别
- 抵押及其法律规定
- 质押及其法律规定
- 留置及其法律规定
- 定金及其法律规定

一、填空题

1. 债的担保可以分为_____、_____和_____三种方式。
2. 保证法律关系有三方当事人，分别是_____、_____和_____。
3. 保证的方式包括_____和_____。
4. 根据我国《民法典》的规定，当事人在保证合同中对保证方式没有约定或者约定不明确的，按照_____承担保证责任。
5. 以动产设立抵押的，抵押权自_____设立。
6. 我国《民法典》规定了两种质押方式，分别为_____和_____。
7. 我国《民法典》规定，动产质权自出质人_____质押财产时设立。
8. 在定金担保方式中，收受定金的一方不履行债务或者履行债务不符合约定，致使不能实现合同目的的，应当_____定金。
9. 以注册商标专用权、专利权、著作权等知识产权中的财产权出质的，质权自_____设立。
10. 以汇票、本票、支票、债券、存款单、仓单、提单出质的，当事人_____订立书面合同。

二、单项选择题

1. 定金的数额由当事人约定，但是不得超过主合同标的额的(　　)。
   A. 10%　　　　　　B. 20%　　　　　　C. 30%　　　　　　D. 50%
2. 以依法可以转让的股票出质的，质权自(　　)起成立。
   A. 质押合同订立　　　　　　　　B. 股票权利凭证交付
   C. 向证券登记机构办理出质登记　　D. 公司同意之日

3. 保证合同当事人如果没有约定保证期间或者约定不明确的,保证期间为主债务履行期限届满之日起(　　)。

　　A. 1个月　　　　　B. 3个月　　　　　C. 6个月　　　　　D. 1年

4. 以建筑物和其他土地附着物设立抵押的,抵押权(　　)。

　　A. 自合同订立时生效　　　　　　　B. 自办理抵押登记时生效

　　C. 自土地管理部门批准后生效　　　D. 无效

5. 甲、乙两公司签订一买卖合同时,为担保合同的履行,甲公司按照约定付给乙公司20万元定金。后乙公司违约,没有履行合同。因甲公司采取措施得当,未造成任何经济损失。关于乙公司的法律责任,以下说法正确的是(　　)。

　　A. 乙公司应付给甲公司10万元

　　B. 乙公司应付给甲公司20万元

　　C. 乙公司应付给甲公司40万元

　　D. 因未造成甲公司损失,乙公司无须承担任何法律责任

6. 甲因装修房屋急需50万元现金,问乙借款,乙要求甲提供担保。甲找到丙,请求丙将其车子作为担保,车子仍由丙使用。甲、乙间的借款到期后,甲未能如约还款,乙要求拍卖丙的车子受偿债权。此种担保方式为(　　)。

　　A. 质押　　　　　B. 抵押　　　　　C. 留置　　　　　D. 定金

7. 甲将一辆汽车作价10万元抵押给乙,汽车由甲继续使用。甲在开车外出时不慎翻车,造成汽车严重毁损,该损失(　　)。

　　A. 应由甲承担　　　　　　　　B. 应由乙承担

　　C. 由甲、乙共同承担　　　　　D. 双方协商承担

8. 以应收账款出质的,当事人同样应当订立书面合同。质权自(　　)时设立。

　　A. 当事人双方意思表示一致　　B. 办理出质登记

　　C. 当事人订立书面合同　　　　D. 相关凭证交付

9. 李某在某成衣店加工了两条连衣裙。取连衣裙时,李某发现没带现金,手机也不能支付。经与店主协商,李某可以取走连衣裙,但须将李某的手表留下,过两天来交加工费时一并取回手表;如果李某逾期不来交服装加工费,店主可以将手表变卖以受偿其债权。请问,成衣店对李某的手表享有(　　)。

　　A. 质押权　　　　B. 抵押权　　　　C. 留置权　　　　D. 使用权

10. 在合同中,当事人既约定违约金,又约定定金的,一方违约时,(　　)。

　　A. 双方协商选择适用违约金或者定金条款

　　B. 违约方可以选择适用违约金或者定金条款

　　C. 同时适用违约金和定金条款

　　D. 对方可以选择适用违约金或者定金条款

三、多项选择题

1. 当债务人不履行到期债务或者发生当事人约定的实现抵押权的情形,抵押权人实现抵押权的方式有(　　)。

　　A. 与抵押人协议以抵押财产折价　　　B. 拍卖抵押财产

　　C. 变卖抵押财产　　　　　　　　　　D. 拍卖或变卖抵押人其他财产

2. 抵押、质押和留置等担保物权的担保范围包括（　　）。
　A. 主债权及其利息　　　　　　　B. 违约金、损害赔偿金
　C. 保管担保财产的费用　　　　　D. 实现担保物权的费用

3. 根据《民法典》的规定，抵押合同一般包括（　　）条款。
　A. 被担保债权的种类和数额　　　B. 债务人履行债务的期限
　C. 抵押财产的名称、数量等情况　D. 担保的范围

4. 以下权利可以进行质押的有（　　）。
　A. 有价证券　　　　　　　　　　B. 基金份额、股权
　C. 知识产权中的财产权　　　　　D. 应收账款

5. 担保物权包括（　　）。
　A. 抵押权　　B. 质权　　C. 定金　　D. 留置权

6. 根据《民法典》的规定，下列财产中可以设立抵押的有（　　）。
　A. 在建房屋　　　　　　　　　　B. 某大学的教学楼
　C. 企业的生产设备、原材料　　　D. 法律、行政法规未禁止抵押的其他财产

7. 甲和乙家具厂订立合同，委托乙家具厂为其加工100套办公家具，约定材料由甲采购，乙提供样品，取货后满一个月付款。甲按时前来取货，乙家具厂要求甲当场付款，否则，将对家具行使留置权。下列说法中正确的有（　　）。
　A. 只要甲未付款，乙家具厂就有权留置家具
　B. 如果甲不当时付款，乙家具厂有权对家具行使留置权
　C. 乙家具厂无权对家具行使留置权
　D. 家具厂留置家具必须以家具符合要求而甲不按期支付酬金为条件

8. 以下标的物设定抵押时不需要登记，抵押权即可设立的有（　　）。
　A. 一辆轿车　　　　　　　　　　B. 一艘船舶
　C. 一栋正在建造的房屋　　　　　D. 一架正在制造中的飞机

9. 质权自办理出质登记时设立的标的物有（　　）。
　A. 以基金份额、股权为质物的质押合同
　B. 以汇票、本票、支票、债券为质物的质押合同
　C. 以知识产权中的财产权为质物的质押合同
　D. 以应收账款为质物的质押合同

10. 保证担保的范围包括（　　）。
　A. 主债权及其利息　　　　　　　B. 违约金
　C. 损害赔偿金　　　　　　　　　D. 实现债权的费用

四、判断题

1. 作为担保物权，质押须转移担保物归债权人占有，而抵押不转移抵押物的占有。（　　）

2. 土地所有权不得抵押。（　　）

3. 当事人既约定违约金，又约定定金的，一方违约时，对方可以要求同时适用违约金和定金条款。（　　）

4. 保证合同可以是单独订立的书面合同，也可以是主债权债务合同中的保证条款。（　　）

5. 设立抵押权,当事人可以采用书面形式,也可以采用口头形式订立抵押合同。( )
6. 以不动产抵押的,抵押权自抵押合同生效时设立。( )
7. 抵押期间,抵押人可以转让抵押财产。( )
8. 抵押权可以与债权分离而单独转让或者作为其他债权的担保。( )
9. 质权自质押合同生效时设立。( )
10. 质权包括动产质权和权利质权。( )

五、名词解释
1. 一般保证
2. 连带责任保证
3. 抵押

六、简答题
1. 简述保证成立的条件。
2. 简述抵押设立的条件。

七、论述题
试述一般保证和连带责任保证之间区别。

八、案例分析题
案例1 甲因公司经营出现问题急需资金,遂与乙签订一借款合同。合同约定:甲于 2020 年 1 月 1 日向乙借款 100 万元,还款日为 2020 年 10 月 1 日。为了担保甲对乙债务的正常履行,甲找到了丙和丁作为保证人,对该债务提供担保。丙与乙约定:在甲不能履行债务时,丙承担保证责任,但是未约定保证期间。根据约定,丁也对该债务提供保证,但是未约定保证方式,也未约定保证期间。借款合同到期后,甲拒绝偿还借款。

问:(1)丙和丁两位保证人对甲的债务承担何种保证方式?

(2)借款合同到期后,如甲拒绝偿还借款,债权人乙能否直接要求保证人承担保证责任?为什么?

案例2 王某与李某签订了一份手机买卖合同,合同中约定:李某向王某提供某型号手机 100 部,每部单价 3 000 元,合同期限为 2 个月。合同成立后,王某向李某支付定金 10 万元,任何一方违约应向对方支付合同总价款 30% 的违约金。双方在合同签字、盖章后,王某按照合同约定向李某支付了 10 万元定金。2 个月后,李某未按约定向王某交付手机,王某依照合同约定,要求李某赔付定金 20 万元,并支付违约金 9 万元。

问:王某的请求是否合法?应该如何处理?

参 考 答 案

一、填空题
1. 人的担保 金钱担保 物的担保
2. 债权人 被保证人(债务人) 保证人

3. 一般保证　连带责任保证
4. 一般保证
5. 抵押合同生效时
6. 动产质押　权利质押
7. 交付
8. 双倍返还
9. 办理出质登记时
10. 应当

二、单项选择题
1. B　2. B　3. C　4. B　5. C　6. B　7. A　8. B　9. A　10. D

三、多项选择题
1. ABC　2. ABCD　3. ABCD　4. ABCD　5. ABD　6. ACD　7. CD　8. ABD
9. ACD　10. ABCD

四、判断题
1. 对　2. 对　3. 错　4. 对　5. 错　6. 错　7. 对　8. 错　9. 错　10. 对

五、名词解释
1. 一般保证：指当事人在保证合同中约定，债务人不能履行债务时，由保证人承担保证责任的保证形式。

2. 连带责任保证：是指当事人在保证合同中约定保证人和债务人对债务承担连带责任的保证方式。

3. 抵押：是指为了担保债务的履行，债务人或者第三人不转移财产的占有，将该财产抵押给债权人，债务人不履行到期债务或者发生当事人约定的实现抵押权的情形时，债权人有权就该财产优先受偿的一种担保方式。

六、简答题
1. 答：保证成立的条件有：(1)根据法律或当事人的约定需要债务人提供保证；(2)被保证债务合法有效；(3)保证人的主体资格合格；(4)保证人有明确的承担保证责任的意思表示，且保证人意思表示真实；(5)保证人与债权人应当以书面形式订立保证合同。

2. 答：设立抵押权的条件为：(1)债务人或第三人有适合抵押的财产；(2)订立抵押合同；(3)某些抵押物所必需的抵押登记。

七、论述题
答：一般保证指当事人在保证合同中约定，债务人不能履行债务时，由保证人承担保证责任的保证形式。连带责任保证是指当事人在保证合同中约定保证人和债务人对债务承担连带责任的保证方式。

根据法律对两种保证方式的规定可以看出，保证人在不同的保证方式中所处的地位并不相同，其利益由此而受到法律保护的程度也存在差异：保证人在一般保证中所处的地位比较优越，只承担补充保证责任，待法律对债务人财产进行强制执行后，保证人实际上并不承担多大的责任；而在连带责任保证方式中，保证人所处的地位就不如一般保证有利，只要债务人不履行到期债务或者发生当事人约定的情形,保证人就与债务人处于同等地位,债权人可以就自己未受清偿的债务任意提请债务人或保证人进行清偿。实践中,债权人在债务人到期不履行债务时,往往会对保证人提出偿还债务的请求。

八、案例分析题

案例1 答:(1)丙和丁两位保证人对甲的债务承担一般保证责任。根据《民法典》第687条的规定,当事人在保证合同中约定,债务人不能履行债务时,由保证人承担保证责任的,为一般保证。根据该法第686条的规定,当事人在保证合同中对保证方式没有约定或者约定不明确的,按照一般保证承担保证责任。因此,丙和丁对甲的债务承担一般保证责任。

(2)借款合同到期后,如甲拒绝偿还借款,债权人乙不能直接要求保证人承担保证责任。根据我国《民法典》第687条的规定,一般保证的保证人在主合同纠纷未经审判或者仲裁,并就债务人财产依法强制执行仍不能履行债务前,有权拒绝向债权人承担保证责任。因此,甲、乙借款合同到期后,若甲拒绝偿还借款,债权人乙应当先行对甲提起诉讼或仲裁,在强制执行甲的财产仍不能实现债权后,才能要求保证人承担保证责任。

案例2 答:(1)王某的请求不合法。

(2)根据《民法典》第586条的规定,当事人可以约定一方向对方给付定金作为债权的担保。定金合同自实际交付定金时成立。定金的数额由当事人约定,但是不得超过主合同标的额的20%,超过部分不产生定金的效力。该法第587条规定,给付定金的一方不履行债务或者履行债务不符合约定,致使不能实现合同目的的,无权请求返还定金;收受定金的一方不履行债务或者履行债务不符合约定,致使不能实现合同目的的,应当双倍返还定金。本案的主标的额为30万元,定金高达10万元,超过了主标的额的20%,因此,超过部分的4万元不产生定金效力,王某不能要求李某双倍返还20万元,只能要求返还12万元,另外4万元由王某收回。

(3)王某不能既要求李某承担定金责任,又要求李某支付违约金。根据《民法典》第588条的规定,当事人既约定违约金,又约定定金的,一方违约时,对方可以选择适用违约金或者定金条款。因此,当李某不履行合同时,王某只可以请求李某双倍返还定金12万元或支付违约金9万元。

第三章
金融法律制度

本章知识重点提示
- 我国金融法律体系的构成
- 中国人民银行的性质与法律地位
- 商业银行的概念与设立条件
- 票据的概念和种类
- 证券的概念和种类
- 保险的概念与分类
- 商业保险的经营范围
- 保险法的基本原则
- 保险合同的相关规定

一、填空题

1. 金融法的调整对象是_____。
2. _____是中华人民共和国的中央银行,是在国务院领导下的一个_____,其制定和执行_____政策。
3. 商业银行是指依照_____和_____设立的吸收公众存款、发放贷款、办理结算等业务的_____。
4. 商业银行业务的种类有_____、_____和_____。
5. 商业银行的组织形式包括_____和_____两种基本形式。
6. 根据我国《票据法》的规定,我国的票据仅指_____、_____和_____三种
7. 票据丧失的补救措施有_____、_____和_____。
8. 根据我国《证券法》的规定,证券的发行和交易活动实行公开、_____、_____原则。
9. 证券的发行和交易活动禁止_____、_____和操纵证券交易市场的行为。
10. _____依法对全国证券市场实行集中统一的监督管理。

二、单项选择题

1. 商业银行是依照《商业银行法》和《公司法》的规定设立的吸收公众存款、发放贷款、办理结算等业务的( )。
   A. 企业法人 B. 股份有限公司
   C. 有限责任公司 D. 国有企业

2. 商业银行具有独立的民事权利能力和民事行为能力,依法自主经营、自负盈亏,以其( )独立承担民事责任。
  A. 全部法人财产　　B. 自有资产　　C. 注册资本　　D. 净资产

3. 《中华人民共和国商业银行法》规定,我国的商业银行的组织形式除有限责任公司外,还有( )。
  A. 合作银行　　B. 合伙制企业　　C. 股份有限公司　　D. 中外合资企业

4. 股份有限公司制银行的全部资本划分为等额股份,股东以其所持股份为限对银行承担责任,银行以( )对银行的债务承担责任。
  A. 股东投资为限　　　　　　B. 银行净资产为限
  C. 银行注册资金为限　　　　D. 其全部资产

5. 有限责任公司制银行的股东以其( )对银行的债务承担责任。
  A. 以出资额为限　　　　　　B. 以股东权益为限
  C. 以自有资产为限　　　　　D. 以实际投资为限

6. 以下不属于我国人民币发行应遵循的原则的是( )。
  A. 集中统一发行　　B. 经济发行　　C. 计划发行　　D. 定时发行

7. 在票据上的签章应当是当事人的( )。
  A. 学名　　B. 笔名　　C. 外文名　　D. 本名

8. 由出票人签发的,委托付款人在见票时或者在指定日期无条件支付确定的金额给收款人或持票人的票据,叫作( )。
  A. 股票　　B. 支票　　C. 汇票　　D. 本票

9. 本票自出票之日起,付款最长期限不得超过( )。
  A. 2个月　　B. 3日　　C. 15日　　D. 1个月

10. 支票的持票人应自出票日起( )内提示付款。
  A. 15日　　B. 5日　　C. 10日　　D. 30日

11. 根据我国《票据法》的规定,签章是票据行为生效的一个必要条件,( )不是票据的签章。
  A. 某甲为个体户,在其发出的一张票据上的签名
  B. 乙为一有限责任公司,其在自己发出的一张票据上盖上法人的公章,并有法定代表人的签名
  C. 乙为一有限责任公司,其在自己发出的一张票据上盖上法人的公章
  D. 乙为一有限责任公司,丙为乙公司法定代表人授权之人,有权代表法定代表人签章。乙发出了一张票据,在票据上盖上了乙公司的财务专用章,并有丙的签名

12. 收到挂失止付通知的付款人应承担停止付款的义务,否则,应当承担( )。
  A. 经济责任　　B. 行政责任　　C. 民事赔偿责任　　D. 刑事责任

13. 票据关系是指当事人之间基于( )而发生的债权债务关系。
  A. 基础关系　　　　　　B. 票据行为
  C. 法律规定　　　　　　D. 真实的交易关系

14. 根据《保险法》的规定,以被保险人死亡为给付保险金的合同,自合同成立或者合同效力恢复之日起( )内,被保险人自杀的,保险人不承担给付保险金的责任,但被保险人

自杀时为无民事行为能力人的除外。

  A. 6个月　　　　B. 1年　　　　C. 2年　　　　D. 3年

15. 我国的中央银行是（　　）。

  A. 中国银行　　B. 中国人民银行　　C. 中国投资银行　　D. 中信实业银行

16. 在我国，代表国家掌管货币发行的机关是（　　）。

  A. 国务院　　　　　　　　　　B. 货币政策委员会
  C. 中国人民银行　　　　　　　D. 财政部

17. 我国设立商业银行的注册资本最低限额为（　　）。

  A. 5 000万元　　B. 1亿元　　C. 5亿元　　D. 10亿元

18. 根据我国《保险法》的规定，人身保险的投保人在（　　）时应对被保险人具有保险利益，财产保险的投保人在（　　）时应对保险标的具有保险利益。

  A. 保险合同订立　保险合同订立　　B. 保险事故发生　保险事故发生
  C. 保险事故发生　保险合同订立　　D. 保险合同订立　保险事故发生

19. 票据保证人为两人以上的，保证人之间承担（　　）。

  A. 连带责任　　　　　　　　　B. 同一性质的责任
  C. 票据责任　　　　　　　　　D. 共同责任

20. 投保人、被保险人或者收益人知道保险事故发生后，应当（　　）通知保险人。

  A. 及时　　　　B. 当日　　　　C. 48小时内　　　　D. 3天内

三、多项选题

1. 中国人民银行的业务包括（　　）业务。

  A. 货币政策工具　　B. 经理国库　　C. 清算服务　　D. 提供贷款

2. 商业银行的业务经营原则有（　　）。

  A. 安全性原则　　B. 流动性原则　　C. 效益性原则　　D. 保密性原则

3. 根据我国《商业银行法》的规定，我国的商业银行的组织形式有（　　）。

  A. 合作社　　B. 股份有限公司　　C. 有限责任公司　　D. 中外合资企业

4. 本票上未记载（　　）之一的，本票无效。

  A. 无条件支付的承诺　　　　　B. 表明"本票"的字样
  C. 付款地　　　　　　　　　　D. 出票地

5. 根据《票据法》的规定，汇票涉及的当事人有（　　）。

  A. 出票人　　B. 收款人　　C. 付款人　　D. 委托收款人

6. 持票人行使追索权，请求被套追索人支付的金额和费用包括（　　）。

  A. 被拒绝付款的汇票金额

  B. 汇票金额自出票日或提示付款日起至清偿日止，按照中国人民银行规定的利率计算的利息

  C. 发出通知书的费用

  D. 取得有关拒绝证明文件的费用

7. 根据《票据法》的有关规定，下列各项中属于汇票法定禁止背书的情形有（　　）。

  A. 汇票被拒绝承兑

  B. 汇票被拒绝付款

C. 汇票超过付款提示期限
D. 汇票背书的次数过多，以致在汇票上无法记载

8. 以下行为属于票据欺诈行为的是（　　　）。
A. 伪造、变造票据的　　　　　　　B. 冒用他人的票据
C. 故意使用伪造、变造的票据的　　D. 签发空头支票

9. 根据我国《票据法》的规定，持票人丧失票据时，可采取的补救措施有（　　　）。
A. 挂失止付　　B. 公示催告　　C. 提起诉讼　　D. 登报作废

10. 首次公开发行股票的条件包括（　　　）。
A. 具备健全且运行良好的组织机构
B. 具有持续经营能力
C. 最近3年财务会计报告被出具无保留意见审计报告
D. 发行人及其控股股东、实际控制人最近3年不存在贪污等刑事犯罪

11. 以下属于禁止的交易行为的是（　　　）。
A. 内幕交易行为　　　　　　　　　B. 操纵证券市场行为
C. 编造、传播虚假信息行为　　　　D. 损害客户利益行为

12. 以下信息需要公司进行信息披露的是（　　　）。
A. 发生重大亏损　　　　　　　　　B. 经营方针和经营范围发生重大变化
C. 未能清偿到期债务的情况　　　　D. 涉及公司的重大诉讼

13. 根据我国《保险法》的规定，在财产保险中，享有保险利益的人有（　　　）。
A. 财产所有权人　　B. 抵押权人　　C. 留置权人　　D. 财产保管人

14. 根据《保险法》的规定，保险合同属于（　　　）。
A. 双务合同　　B. 格式合同　　C. 射幸合同　　D. 诺成合同

15. 根据《保险法》的规定，在财产保险中，享有保险利益的人有（　　　）。
A. 财产所有权人　　B. 抵押权人　　C. 留置权人　　D. 财产保管人

16. 根据《保险法》的规定，在人身保险中，投保人对下列人员具有保险利益的是（　　　）。
A. 本人　　B. 配偶　　C. 子女　　D. 父母

四、判断题

1. 定日付款或者出票后定期付款的汇票，持票人应当在汇票到期日前向付款人提示承兑。（　　）

2. 票据上有伪造签章的，不影响票据上其他真实签章的效力。（　　）

3. 出票是指出票人签发票据的票据行为。（　　）

4. 票据上的签章为签名或盖章。（　　）

5. 法人和其他使用票据的单位在票据上的签章，为该法人或该单位的盖章加其法定代表人或者其授权的代理人的签章。（　　）

6. 背书人在票据上的签章不符合法律规定的，该票据上所有的签章均无效。（　　）

7. 签发票据的原因、用途等属于汇票的法定记载事项。（　　）

8. 背书由被背书人签章并记载背书日期。（　　）

9. 票据金额、日期、收款人名称不能更改。如需更改，则必须签章。（　　）

10. 汇票的付款人付款未尽审查义务而对不符合法定形式的票据付款，或者存在恶意或

重大过失而付款的,付款人的义务不能免除。（ ）

11. 背书人在汇票上记载"不得转让"字样,其后手再背书转让的,原背书人对后手的被背书人不承担保证责任。（ ）

12. 以背书转让的汇票,背书应当连续,如果背书不连续,则付款人可以拒绝向持票人付款。（ ）

13. 对已公开发行的公司债券或者其他债务有违约或者延迟支付本息的事实,且仍处于继续状态的,不得再次发行债券。（ ）

14. 公司的董事、监事、高级管理人员离职后一年内不得转让本公司的股份。（ ）

15. 上市公司收购投资者可以采取要约收购方式收购上市公司。收购要约约定的收购期限不得少于60日。（ ）

16. 根据《保险法》的规定,设立保险公司应当有国务院保险监督管理机构批准。（ ）

17. 根据《保险法》的规定,保险事故发生后,依照保险合同请求保险人赔偿或者给付保险金时,投保人、被保险人或者受益人无需向保险人提供任何证明和资料。（ ）

18. 根据《保险法》的规定,财产保险业务的范围包括财产损失保险、责任保险、信用保险、保证保险等业务。（ ）

五、名词解释

1. 空头支票
2. 票据
3. 汇票
4. 本票
5. 支票
6. 背书
7. 内幕交易
8. 保险合同

六、简答题

1. 简述中国人民银行的性质、地位和职责。
2. 简述商业银行的性质和特征。
3. 简述我国《证券法》禁止的交易行为的种类。
4. 简述票据的抗辩。
5. 简述汇票的追索权。
6. 简述公司债券的发行条件。
7. 简述保险法的基本原则。

七、论述题

试论述股票和债券的发行条件。

八、案例分析题

张三与李四签订一项买卖合同,张三向李四开出出票后3个月付款的银行汇票。李四将汇票背书后向王五转让,后王五又背书转让于陈六。

根据我国现行法律的规定,回答下列问题:
(1) 如果李四未履行供货义务,张三是否有权要求银行停止支付该汇票?
(2) 如果银行拒绝支付,陈六作为持票人能否直接向张三要求赔偿?李四与王五对票据债务是否也应负责?

参 考 答 案

一、填空题

1. 金融关系
2. 中国人民银行　国家机关　货币
3. 《商业银行法》《公司法》　企业法人
4. 负债业务　资产业务　中间业务
5. 有限责任公司　股份有限公司
6. 汇票　本票　支票
7. 挂失止付　公示催告　普通诉讼
8. 公平　公正
9. 欺诈　内幕交易
10. 国务院证券监督管理机构

二、单项选择题

1. A　2. A　3. C　4. D　5. A　6. D　7. D　8. C　9. A　10. C　11. D　12. C　13. B　14. C　15. B　16. C　17. D　18. D　19. A　20. A

三、多项选择题

1. ABC　2. ABC　3. BC　4. AB　5. ABC　6. ABCD　7. ABC　8. ABCD　9. ABC　10. ABCD　11. ABCD　12. ABD　13. ABCD　14. ABCD　15. ABCD　16. ABCD

四、判断题

1. 正确　2. 正确　3. 正确　4. 错误　5. 正确　6. 错误　7. 错误　8. 错误　9. 错误　10. 正确　11. 正确　12. 正确　13. 正确　14. 错误　15. 错误　16. 正确　17. 错误　18. 正确

五、名词解释

1. 商业银行:是指依照《商业银行法》和《公司法》设立的吸收公众存款、发放贷款、办理结算等业务的企业法人。
2. 票据:是指由出票人依《票据法》签发的,由自己或委托他人于到期日或见票时无条件支付一定金额给收款人或持票人的一种有价证券。
3. 汇票:是指出票人签发的,委托付款人在见票时或者在指定日期无条件支付确定的金额给收款人或者持票人的票据。
4. 本票:是出票人签发的,承诺自己在见票时无条件支付确定的金额给收款人或者持票人的票据。

5. 支票：是出票人签发的，委托办理支票存款业务的银行或者其他金融机构在见票时无条件支付确定的金额给收款人或者持票人的票据。

6. 背书：是指在票据背面或者粘单上记载有关事项并签章的票据行为。

7. 内幕交易：是指证券交易内幕信息的知情人员（内幕人员）利用内幕信息自己或者建议他人买卖证券的行为。

8. 保险合同：是指投保人与保险人约定保险权利义务关系的协议。

六、简答题

1. 简述中国人民银行的性质、地位和职责。

答：《中国人民银行法》第2条规定："中国人民银行是中华人民共和国的中央银行。中国人民银行在国务院领导下，制定和执行货币政策，防范和化解金融风险，维护金融稳定。"可以看出：

（1）中国人民银行的性质是国务院领导下的一个国家机关。

（2）中国人民银行的地位是中华人民共和国的中央银行。

（3）中国人民银行的职责是在国务院的领导下依法独立制定和执行货币政策，防范和化解金融风险，维护金融稳定。

2. 简述商业银行的性质和特征。

答：与中国人民银行的性质不同，商业银行不是国家机关而是企业法人。其特点如下：

（1）具有一般企业法人的法律地位和权利义务；

（2）商业银行依《商业银行法》和《公司法》成立，是一个特殊的企业法人。

（3）商业银行经营是以营利为目的的。

3. 简述我国《证券法》禁止的交易行为的种类。

答：我国《证券法》禁止的交易行为有以下几类：

（1）内幕交易。内幕交易是指证券交易内幕信息的知情人员（内幕人员）利用内幕信息自己或建议他人买卖证券的行为。

（2）操纵证券市场行为。操纵证券市场行为是指利用资金、信息等优势或者滥用职权等制造证券市场假象，影响证券市场价格，诱导致使其他投资者在不了解真相的情况下作出投资决定，扰乱证券市场秩序的行为。

（3）证券欺诈行为。我国法律禁止证券公司及其从业人员从事损害客户利益的欺诈行为，如违背客户的委托为其买卖证券等行为都属于证券欺诈行为。

4. 简述票据的抗辩。

答：票据抗辩是指票据债务人依照《票据法》的规定，对票据债权人拒绝履行义务的行为。票据抗辩是票据债务人的一种权利。抗辩包括对物抗辩和对人抗辩。对物抗辩有票据行为不成立而为的抗辩、依票据记载不能提出请求而为的抗辩、票据载明的权利已消灭或已失效而为的抗辩、票据权利的保全手续欠缺而为的抗辩以及票据上有伪造、变造情形而为的抗辩。

对人抗辩即对抗特定债权人。债务人只能对基础关系中的直接相对人不履行约定义务的行为进行抗辩，该基础关系必须是该票据赖以产生的民事法律关系而不是其他的民事法律关系。如果该票据已被不履行约定义务的持票人转让给第三人，而该第三人属善意，是已对价取得票据的持票人,则票据债务人不能对其进行抗辩。

5. 简述汇票的追索权。

答:追索权是指持票人在票据到期后不获付款或到期前不获承兑或有其他法定原因,并在实施行使或保全票据上权利的行为后,可以向其前手请求偿还票据金额、利息及其他法定款项的一种票据权利。追索权是在票据权利人的付款请求权得不到满足之后,法律赋予持票人对票据债务人进行追偿的权利。汇票到期被拒绝付款的,持票人可以行使追索权,发追索通知,向出票人、背书人、承兑人和保证人追偿。追索的范围包括汇票金额、利息以及费用。

6. 简述公司债券的发行条件。

答:公司债券的发行条件包括:

(1) 具备健全且运行良好的组织机构;

(2) 最近3年平均可分配利润足以支付公司债券一年的利息;

(3) 国务院规定的其他条件。

公开发行公司债券筹集的资金,必须按照公司债券募集办法所列资金用途使用;改变资金用途,必须经债券持有人会议作出决议。公开发行公司债券筹集的资金,不得用于弥补亏损和非生产性支出。

7. 简述保险法的基本原则。

答:保险法的基本原则是贯穿整个保险法律规范体系,指导各项保险法律制度适用的根本性行为准则。保险法基本原则有保险利益原则、最大诚信原则、近因原则、损失补偿原则。

七、论述题

试论述股票和债券的发行条件。

答:首次公开发行股票的条件包括:(1) 具备健全且运行良好的组织机构;(2) 具有持续经营能力;(3) 最近3年财务会计报告被出具无保留意见审计报告;(4) 发行人及其控股股东、实际控制人最近3年不存在贪污、贿赂、侵占财产、挪用财产或者破坏社会主义市场经济秩序的刑事犯罪;(5) 经国务院批准的国务院证券监督管理机构规定的其他条件。上市公司发行新股,应当符合经国务院批准的国务院证券监督管理机构规定的条件,具体管理办法由国务院证券监督管理机构规定。

公司债券的发行条件包括:(1) 具备健全且运行良好的组织机构;(2) 最近3年平均可分配利润足以支付公司债券一年的利息;(3) 国务院规定的其他条件。不得再次公开发行公司债券的情形包括:(1) 对已公开发行的公司债券或者其他债务有违约或者延迟支付本息的事实,且仍处于继续状态;(2) 违反《证券法》的规定,改变公开发行债券所募集资金的用途。如将所募集资金用于弥补亏损和非生产性支出。

八、案例分析题

答:(1) 若李四未履行义务,张三无权要求银行停止支付该汇票。因为票据行为为无因行为,付款银行的责任限于按照汇票记载事项支付汇票金额。作为票据债务人的银行不得以张三与李四之间的抗辩权对抗持票人。

(2) 如果银行拒绝支付,陈六可直接要求张三赔偿。李四与王五对票据债务承担连带责任。

第四章
消费者权益保护法律制度

本章知识重点提示
➢ 消费者的定义
➢ 消费者享有的权利
➢ 经营者及其义务
➢ 对消费者合法权益的保护
➢ 消费争议与解决
➢ 侵权与法律责任

一、填空题

1. 根据《消费者权益保护法》的规定,消费者是指为_____需要购买、使用商品或者接受服务的人。

2. 经营者提供商品或者服务有欺诈行为的,应当按照消费者的要求增加赔偿其受到的损失,增加赔偿的金额为消费者购买商品的价款或者接受服务的费用的_____倍。

3. 消费者协会和其他消费者组织作为保护消费者合法权益的社会团体,在性质上属于_____。

4. 根据《消费者权益保护法》的规定,经营者采用网络、电视、电话、邮购等方式销售商品,消费者有权自收到商品之日起_____日内退货。

5. 经营者提供的商品或者服务不符合质量要求的,消费者可以依照国家规定、当事人约定_____,或者要求经营者履行_____、_____等义务。

6. 经营者不得侵犯消费者的人身权,包括不得对消费者进行_____、_____,不得搜查消费者的身体及其携带的物品,不得侵犯消费者的_____。

7. 消费者或者其他受害人因商品缺陷造成人身、财产损害的,可以向_____要求赔偿,也可以向_____要求赔偿。

8. 经营者提供商品或者服务,造成消费者或者其他受害人人身伤害的,应当赔偿_____、_____、_____等为治疗和康复支出的合理费用,以及_____。

9. 经营者侵害消费者的人格尊严、侵犯消费者人身自由或者侵害消费者个人信息依法得到保护的权利的,应当_____、_____、_____、_____,并_____。

10. 经营者有侮辱诽谤、搜查身体、侵犯人身自由等侵害消费者或者其他受害人人身权益的行为,造成严重精神损害的,受害人可以要求_____。

二、单项选择题

1. 根据《消费者权益保护法》的规定,消费者是指为生活消费需要购买、使用商品或者接受服务的(　　)。
A. 社会组织　　　B. 社会团体　　　C. 国家机关　　　D. 自然人

2. 在《消费者权益保护法》中,消费者的消费客体是(　　)。
A. 生活消费　　　B. 商品　　　C. 服务　　　D. 商品和服务

3. 以下不属于我国《消费者权益保护法》的调整范围的是(　　)。
A. 某商贩购进一批服装用于销售　　　B. 某居民到某歌厅跳舞
C. 某商贩出售一套服装给某女士　　　D. 某商贩购进一箱快餐面作早餐

4. 经营者提供商品或服务,应向消费者出具购货凭证或服务单据;消费者索要购货凭证或服务单据的,经营者(　　)出具。
A. 必须　　　B. 不一定　　　C. 可以　　　D. 视具体情况

5. 消费者在购买、使用商品和接受服务时,享有人格尊严、民族风俗习惯得到尊重的权利,此项权利属于消费者的(　　)。
A. 选择权　　　B. 公平交易权　　　C. 维护尊严权　　　D. 知情权

6. 消费者权益保护委员会是(　　)。
A. 机关法人　　　　　　　　B. 事业单位法人
C. 企业法人　　　　　　　　D. 社团法人

7. 消费者协会是最普遍、最重要的消费者组织,下列选项中与其职能不相符合的是(　　)。
A. 向消费者提供消费信息和咨询服务
B. 参与有关行政部门对商品服务的监督和检查
C. 受理消费者的投诉,并对投诉事项进行调查、调解,作出裁决
D. 支持消费者就损害消费者合法权益的行为提起诉讼

8. 消费者在购买、使用商品或接受服务时,其合法权益受到损害,原企业分立、合并的,消费者可向(　　)要求赔偿。
A. 向原企业　　　　　　　　B. 变更后的企业
C. 原企业的上级主管部门　　　D. 消费者协会

9. 消费者因啤酒瓶爆炸造成身体上的伤害,根据我国《消费者权益保护法》的有关规定,该消费者(　　)受到了侵犯。
A. 公平交易权　　　　　　　　B. 知悉真情权
C. 保障安全权　　　　　　　　D. 维护尊严权

10. "售出商品概不退换"的店堂告示侵犯了消费者的(　　)。
A. 公平交易权　　　　　　　　B. 保障安全权
C. 依法求偿权　　　　　　　　D. 知悉真情权

三、多项选择题

1. 根据我国《消费者权益保护法》的规定,经营者可以是(　　)。
A. 生产者　　　　　　　　B. 服务提供者
C. 销售者　　　　　　　　D. 工商管理部门

2. 消费争议解决的途径包括(　　)。

A. 与经营者协商和解
B. 请求消费者协会或者依法成立的其他调解组织调解
C. 向有关行政部门投诉
D. 向人民法院提起诉讼或根据与经营者达成的仲裁协议提请仲裁机构仲裁

3. 要成为《消费者权益保护法》中规定的消费者,必须满足(　　)。
A. 是为生活消费而购买、使用商品或接受服务
B. 是自然人个人购买或接受服务
C. 可以是为生产的需要购买、使用商品或接受服务
D. 只要是自然人个人,无论购买生活消费品还是生产资料,均可成为消费者

4.《消费者权益保护法》规定,经营者与消费者在交易过程中应当遵循(　　)。
A. 自愿原则　　　　　　　　　B. 平等原则
C. 公平原则　　　　　　　　　D. 诚实信用的原则

5. 经营者的下列行为中,违反了《消费者权益保护法》规定的义务有(　　)。
A. 商场店堂告示"商品一旦售出概不退换"
B. 店堂告示"未成年人须由成人陪伴方可入内"
C. 顾客购买两条毛巾索要发票,经营者以"小额商品,不开发票"为由予以拒绝
D. 超市出售蛋类食品的价格经常变化

6. 消费者享有维护尊严权,在消费时其(　　)应受到尊重。
A. 人格尊严　　　　　　　　　B. 民族风俗习惯
C. 宗教信仰　　　　　　　　　D. 姓名或名称

7. 根据《消费者权益保护法》的规定,以下内容属于经营者负有的义务有(　　)。
A. 听取消费者意见并接受其监督　　B. 保障消费者人身和财产安全
C. 提供真实信息、不做虚假宣传　　D. 标明真实名称和标记

8. 按照《消费者权益保护法》的规定,消费者享有自收到商品之日起7日内无理由退货权。下列各项能适用该条款的是(　　)。
A. 甲从某商场购买的一件衣服　　B. 乙从某网店定作购买的相框
C. 丙从某超市购买的鲜活水产　　D. 丁以邮购方式购买的皮包

9. 关于消费者权利,以下说法正确的是(　　)。
A. 小张因看了电视广告而购买了一瓶红酒,经鉴定为假酒,他有权要求广告经营商、发布者承担赔偿责任
B. 小李在某购物网站购买了一瓶红酒,经鉴定为假酒,他有权要求该购物网站提供卖家的真实名称和有效联系方式
C. 小王在某购物网站购买了一瓶红酒,经鉴定为假酒,如该购物网站明知卖家销售的是假酒而未采取必要措施,小王有权要求网站与卖家承担连带赔偿责任
D. 小周在某食品展销会上购买了一瓶红酒,经鉴定为假酒,此时展销会已经结束,小丁无权要求展销会的举办者承担赔偿责任

10. 惩罚性赔偿金主要适用于经营者的欺诈行为,即(　　)。
A. 冒用认证标志或他人的注册商标　　B. 发布虚假广告
C. 故意不告知消费者商品存在瑕疵　　D. 侮辱消费者

四、判断题

1. 在我国,消费者既可以是个人,也可以是法人或者其他经济组织。　　　(　)
2. 经营者因违反《消费者权益保护法》而被行政机关处罚的,若对行政处罚不服,可先行申请复议,再行起诉,但不能直接起诉。　　　(　)
3. 消费者为表明自己的清白,有义务让经营者搜查自己的身体。　　　(　)
4. 农民购买农田用农药的行为不属于为生活消费需要购买商品,因此不适用《消费者权益保护法》。　　　(　)
5. 经营者有向消费者出具购货凭证或服务单据的义务。　　　(　)
6. 经营者采用网络、电视、电话、邮购等方式销售的任何商品,消费者有权自收到商品之日起7日内退货,且无须说明理由。　　　(　)
7. 消费者组织不得从事商品经营和营利性服务,不得以收取费用或者其他牟取利益的方式向消费者推荐商品和服务。　　　(　)
8. 消费者或者其他受害人因商品缺陷造成人身、财产损害的,只能向销售者要求赔偿。属于生产者责任的,销售者赔偿后,有权向生产者追偿。　　　(　)
9. 我国《消费者权益保护法》调整消费者购买、使用商品或者接受服务的一切行为。
　　　(　)

五、名词解释

1. 消费者
2. 经营者

六、简答题

1. 简述消费争议解决的途径。
2. 简述消费者协会的职责。

七、论述题

试述经营者的义务。

八、案例分析题

2021年5月,张某与刘某至某百货商场化妆品柜台选购化妆品。两人在挑选、试用约20分钟后,因未选中合适产品而离开柜台。二人走到商店出口时,化妆品柜台的营业员和一位商场保安追了上来,指控二人偷拿了化妆品柜台陈列的货物,二人予以坚决否认。双方相持不下时,另一位商场保安对张、刘二人说:"请你们到商场保卫科把事情说清楚。"到保卫科后,两名保安人员要求检查张某与刘某二人随身所带的皮包,但遭到二人拒绝。保安人员对二人说:"如果你们确实没有偷窃商场货物,就应该接受我们的检查来证明你们的清白。"迫于无奈,刘、张二人交出了自己的皮包。经检查,未发现任何商场的化妆品。此后,保安人员进一步提出要对二人进行搜身检查,并立即找来两位女营业员对张某、刘某二人强行进行搜身检查,但仍然没有找到任何商场的化妆品。整个过程引来数名商场顾客围观,令二人羞愧难当。随后,张、刘二人愤然离开了百货商场。

2021年6月,张某与刘某以该百货商场损害了自己的人格尊严为由提出诉讼,要求该商场赔礼道歉,恢复名誉,并赔偿她们的精神损失费。

问:法院应支持张某与刘某的诉讼请求吗?为什么?

参考答案

一、填空题
1. 生活消费
2. 3
3. 非营利组织
4. 7
5. 退货　更换　修理
6. 侮辱　诽谤　人身自由
7. 销售者　生产者
8. 医疗费　护理费　交通费　因误工减少的收入
9. 停止侵害　恢复名誉　消除影响　赔礼道歉　赔偿损失
10. 精神损害赔偿

二、单项选择题
1. D　2. D　3. A　4. A　5. C　6. D　7. C　8. B　9. C　10. A

三、多项选择题
1. ABC　2. ABCD　3. AB　4. ABCD　5. ABC　6. AB　7. ABCD　8. AD　9. ABC　10. ABC

四、判断题
1. 错　2. 错　3. 错　4. 错　5. 对　6. 错　7. 对　8. 错　9. 错

五、名词解释
1. 消费者:是指为满足个人生活消费的需要而购买、使用商品或者接受服务的自然人。
2. 经营者:是指以营利为目的,专门从事生产经营活动,向消费者提供其生产、销售的商品或者提供服务的自然人、法人和其他经济组织。

六、简答题
1. 简述消费争议解决的途径。

答:根据我国《消费者权益保护法》的规定,消费者和经营者发生消费者权益争议的,可以通过下列途径解决:(1)与经营者协商和解;(2)请求消费者协会或者依法成立的其他调解组织调解;(3)向有关行政部门投诉;(4)根据与经营者达成的仲裁协议提请仲裁机构仲裁;(5)向人民法院提起诉讼。当消费争议发生时,消费者可以根据自身情况,自主选择上述五种方式中的任何一种。

2. 简述消费者协会的职责。

答:消费者协会须履行下列公益性职责:
(1)向消费者提供消费信息和咨询服务,提高消费者维护自身合法权益的能力,引导文明、健康、节约资源和保护环境的消费方式；

(2) 参与制定有关消费者权益的法律、法规、规章和强制性标准；

(3) 参与有关行政部门对商品和服务的监督、检查；

(4) 就有关消费者合法权益的问题，向有关部门反映、查询、提出建议；

(5) 受理消费者的投诉，并对投诉事项进行调查、调解；

(6) 投诉事项涉及商品和服务质量问题的，可以委托具备资格的鉴定人鉴定，鉴定人应当告知鉴定意见；

(7) 就损害消费者合法权益的行为，支持受损害的消费者提起诉讼；

(8) 对损害消费者合法权益的行为，通过大众传播媒介予以揭露、批评。

七、论述题

试述经营者的义务。

答：经营者的义务是经营者在经营活动中应当履行的责任，依照法律规定必须为一定的行为或者不为一定的行为。根据《消费者权益保护法》的规定，经营者应该承担下列义务。

(1) 依法律规定或约定履行义务。向消费者提供商品或者服务，应当依照法律法规的规定履行义务。和消费者有约定的，应当按照约定履行义务。

(2) 听取消费者意见并接受其监督。经营者应当听取消费者对其提供的商品或者服务的意见，接受消费者的监督。

(3) 保障消费者人身和财产安全。经营者应当保证其提供的商品或者服务符合保障人身、财产安全的要求。对可能危及人身、财产安全的商品和服务，应当向消费者作出真实的说明和明确的警示，并说明和标明正确使用商品或者接受服务的方法以及防止危害发生的方法。经营者发现其提供的商品或者服务存在缺陷，有危及人身、财产安全危险的，应当立即向有关行政部门报告和告知消费者，并采取停止销售、警示、召回、无害化处理、销毁、停止生产或者服务等措施。

(4) 提供真实信息、不作虚假宣传。经营者向消费者提供有关商品或者服务的质量、性能、用途、有效期限等信息，应当真实、全面，不得作虚假或者引人误解的宣传。经营者对消费者就其提供的商品或者服务的质量和使用方法等问题提出的询问，应当作出真实、明确的答复。此外，经营者对其提供的商品或者服务应当明码标价。

(5) 标明真实名称和标记。经营者在向消费者提供商品或服务时，应当标明自己的真实身份，不得仿冒或假冒其他经营者的名称或标记。租赁他人柜台或者场地的经营者，应当标明其真实名称和标记。

(6) 出具相应的凭证和单据。经营者提供商品或者服务，应当按照国家有关规定或者商业惯例向消费者出具发票等购货凭证或者服务单据；消费者索要发票等购货凭证或者服务单据的，经营者必须出具。

(7) 保证商品或服务的质量。经营者应当保证在正常使用商品或者接受服务的情况下其提供的商品或者服务应当具有的质量、性能、用途和有效期限。经营者以广告、产品说明、实物样品或者其他方式表明商品或者服务的质量状况的，应当保证其提供的商品或者服务的实际质量与表明的质量状况相符。

(8) 承担"三包"等售后服务的义务。经营者提供的商品或者服务不符合质量要求的，消费者可以依照国家规定、当事人约定退货，或者要求经营者履行更换、修理等义务。

（9）无理由退货的义务。经营者采用网络、电视、电话、邮购等方式销售商品，消费者有权自收到商品之日起7日内退货，且无须说明理由。

（10）不得从事不公平、不合理的交易。经营者在经营活动中使用格式条款的，应当以显著方式提请消费者注意商品或者服务的数量和质量、价款或者费用、履行期限和方式、安全注意事项和风险警示、售后服务、民事责任等与消费者有重大利害关系的内容，并按照消费者的要求予以说明。经营者不得以格式条款、通知、声明、店堂告示等方式，作出排除或者限制消费者权利、减轻或者免除经营者责任、加重消费者责任等对消费者不公平、不合理的规定，不得利用格式条款并借助技术手段强制交易。

（11）不得侵犯消费者的人身权。经营者不得对消费者进行侮辱、诽谤，不得搜查消费者的身体及其携带的物品，不得侵犯消费者的人身自由。

（12）特殊经营者的信息提供义务。采用网络、电视、电话、邮购等方式提供商品或者服务的经营者，以及提供证券、保险、银行等金融服务的经营者，应当向消费者提供经营地址、联系方式、商品或者服务的数量和质量、价款或者费用、履行期限和方式、安全注意事项和风险警示、售后服务、民事责任等信息。

（13）保护消费者个人信息的义务。经营者收集、使用消费者个人信息，应当遵循合法、正当、必要的原则，明示收集、使用信息的目的、方式和范围，并经消费者同意。经营者及其工作人员对收集的消费者个人信息必须严格保密，不得泄露、出售或者非法向他人提供。

此外，经营者未经消费者同意或者请求，或者消费者明确表示拒绝的，不得向其发送商业性信息。

八、案例分析题

答：（1）法院应当支持张某与刘某的诉讼请求，依法维护二人的合法权益。

（2）我国《消费者权益保护法》第14条规定，消费者在购买、使用商品和接受服务时，享有人格尊严、民族风俗习惯得到尊重的权利。该法第27条规定，经营者不得对消费者进行侮辱、诽谤，不得搜查消费者的身体及其携带的物品，不得侵犯消费者的人身自由。本案中，百货商场对张、刘二人强行搜身检查的行为违反了上述法律规定，侵犯了消费者的受尊重权，依法应当承担责任。

（3）《消费者权益保护法》第50条规定，经营者侵害消费者的人格尊严的，应当停止侵害、恢复名誉、消除影响、赔礼道歉，并赔偿损失。该法第51条规定，经营者有侮辱诽谤、搜查身体、侵犯人身自由等侵害消费者或者其他受害人人身权益的行为，造成严重精神损害的，受害人可以要求精神损害赔偿。本案中，商场对张某与刘某的搜身行为对二人构成了侮辱，引起了围观群众的关注，给二人造成了较为严重的心理伤害，理应赔偿二人的精神损失。

综上所述，法院应支持张某与刘某要求商场赔礼道歉、恢复名誉并赔偿她们的精神损失的诉讼请求。

第五章
反不正当竞争法律制度

本章知识重点提示
- 不正当竞争行为的概念
- 违背商业道德的不正当竞争行为的种类和表现形式
- 《反不正当竞争法》规定的垄断行为
- 法律禁止的有奖销售行为的表现形式

一、填空题

1. 我国《反不正当竞争法》采用_____救济与_____救济并用的救济途径。
2. 经营者不得擅自使用与他人有一定影响的_____、_____、_____等相同或者近似的标识,引人误认为是他人商品或者与他人存在特定联系。
3. 有奖销售主要表现为_____式和_____式两种方式。
4. 经营者不得以盗窃、_____、_____、_____或者其他不正当手段获取权利人的商业秘密。
5. 经营者销售或购买商品,可以以明示方式给对方_____,可以给中间人_____,但必须如实入账。

二、单项选择题

1. 以下关于不正当竞争行为的表述,正确的是( )。
   A. 不正当竞争行为就是垄断行为
   B. 不正当竞争行为是一切损害竞争对手的行为
   C. 不正当竞争行为就是指不平等竞争行为
   D. 不正当竞争行为是非法竞争行为
2. 经营者违法进行有奖销售的,监督检查部门应当责令停止违法行为,可以根据情节处以( )的罚款。
   A. 1万元以上10万元以下　　　　B. 5万元以上20万元以下
   C. 1万元以上10万元以下　　　　D. 5万元以上50万元以下
3. 根据法律规定,抽奖式有奖销售的最高奖金不得超过( )。
   A. 3 000元　　　B. 5 000元　　　C. 10 000元　　　D. 50 000元
4. 以下命题中,属于商业秘密的是( )。
   A. 某项已获得专利的技术　　　　B. 某人的个人生活隐私

C. 某公司保密的客户名单　　　　D. 某企业未公开的技术信息

5. 在司法实践中，若《反不正当竞争法》的规定与其他部门法律发生竞合，则优先适用（　　）的规定。
　A.《反不正当竞争法》　　　　B.《民法典》
　C. 其他特别法律　　　　　　　D.《宪法》

三、多项选择题

1. 不正当竞争行为是经营者违反（　　）原则的行为。
　A. 自愿　　　　B. 公平　　　　C. 诚实信用　　　　D. 等价有偿
　E. 社会公德

2. 反不正当竞争法的作用有（　　）。
　A. 创设和完善公平竞争的社会条件
　B. 制止非法垄断和不正当竞争，维护正常的市场经济秩序
　C. 保护和鼓励正当竞争
　D. 保护经营者和消费者的合法权益
　E. 发挥竞争的积极作用

3. 我国的《反不正当竞争法》规定，经营者不得对其商品的（　　）作虚假或者引人误解的商业宣传，欺骗、误导消费者。
　A. 性能　　　　B. 功能　　　　C. 质量　　　　D. 销售状况
　E. 用户评价

4. 不正当竞争的行政责任有（　　）。
　A. 罚款　　　　B. 没收非法所得　　　　C. 罚金　　　　D. 赔偿损失
　E. 吊销营业执照

5.《反不正当竞争法》中规定的经营者可以是（　　）。
　A. 从事生产的法人
　B. 从事销售的个人
　C. 从事营利性服务的个人
　D. 从事商品服务的个人
　E. 从事营利性服务的个人

6. 我国《反不正当竞争法》的适用主体包括（　　）。
　A. 经营者　　　　　　　　B. 政府
　C. 消费者　　　　　　　　D. 工商行政管理部门
　E. 消费者协会

四、判断题

1. 反不正当竞争就是反垄断。　　　　　　　　　　　　　　　　　　（　　）
2. 使用不知道是他人用盗窃等非法手段获取的商业秘密的，不视为侵犯商业秘密。
　　　　　　　　　　　　　　　　　　　　　　　　　　　　　　　（　　）

五、名词解释

1. 不正当竞争
2. 商业贿赂
3. 经营者

4. 商业秘密
5. 诋毁商誉

六、简答题

1. 简述不正当竞争行为的法律特征。
2. 简述商业贿赂行为的特征。
3. 简述诋毁商誉的特征。
4. 简述网络干扰行为。
5. 简述不正当的有奖销售行为。

七、论述题

试述我国《反不正当竞争法》规定的不正当竞争行为。

八、案例分析题

代美化妆品公司新近研制开发了一种润肤美白化妆品,该化妆品的配方由 25 个公式和 172 个相关数据材料组成。公司采取了严格的保密措施,一般人无法单独接触到这一资料。李某是公司董事长王某的秘书。某日,王某叫李某帮助收拾办公室,李某在王某在场的情况下无意间看到王某桌上放置的有关资料。李某凭借其惊人的记忆力将所有资料记了下来。两日后,李某回老家探亲,酒后炫耀自己的记忆力并将记下的资料全部讲给了在另一化妆品公司工作的妹夫张某。不久后,张某所在的红佳公司对代美化妆品公司的配方稍加改良,生产出质量更好的同类化妆品,抢占了代美化妆品公司的销售市场。王某得知真相后,将李某诉至法院,要追究李某侵犯商业秘密的法律责任。李某辩称:(1) 自己没有采取不正当手段窃取商业秘密,仅仅在王某在场的情况下看了一眼;(2) 自己不是专业技术人员,不负有保守商业秘密的义务;(3) 红佳公司不是采用这一配方,而是采用红佳公司自己的技术,因此,自己没有责任。

请问:

(1) 李某辩解的理由是否成立?
(2) 提出你对本案的分析和处理意见。

参考答案

一、填空题

1. 行政 司法
2. 商品名称 包装 装潢
3. 附赠 抽奖
4. 贿赂 欺诈 胁迫 电子侵入
5. 折扣 佣金

二、单项选择题

1. A 2. D 3. D 4. C 5. C

三、多项选择题

1. ABCDE 2. ABCDE 3. ABCDE 4. ABCE 5. ABCDE 6. AB

四、判断题

1. 错误 2. 正确

五、名词解释

1. 不正当竞争：不正当竞争是指经营者违反我国《反不正当竞争法》的规定，损害其他经营者的合法权益，扰乱社会经济秩序的行为。

2. 商业贿赂：是指经营者为了争取交易机会或市场优势，通过秘密给付财物或其他报偿以收买客户的负责人、雇员、合伙人、代理人和政府有关部门工作人员等能够影响市场交易的有关人员的行为。

3. 经营者：是指从事商品经营或营利性服务的法人、其他经济组织或个人，经营包括生产和流通两个领域的经济活动。

4. 商业秘密：是指不为公众所知悉、具有商业价值并经权利人采取相应保密措施的技术信息、经营信息等商业信息。

5. 诋毁商誉：是指经营者针对特定的同业竞争对象故意捏造和歪曲事实，并通过各种宣传手段散布虚假信息，损害竞争对手的商业信誉和商品声誉的行为。

六、简答题

1. 简述不正当竞争行为的法律特征。

答：根据我国《反不正当竞争法》的规定，不正当竞争行为具有以下特征：

（1）不正当竞争行为的主体是经营者，包括从事商品经营或营利性服务的法人、其他经济组织和个人；

（2）不正当竞争行为是违法行为；

（3）不正当竞争行为侵害的客体是其他经营者的合法权益和正常的社会秩序。

2. 简述商业贿赂行为的特征。

答：商业贿赂行为具有以下特征：

（1）商业贿赂的主体是从事市场交易的经营者，包括买方和卖方；

（2）商业贿赂的一个重要构成要件是行贿或受贿的经营者在主观上只能是故意；

（3）商业贿赂的手段是秘密给付财物或者其他报偿手段，其表现形式有回扣、免费度假、豪华旅游、色情服务和房屋装修等。

3. 简述诋毁商誉的特征。

答：诋毁商誉的不正当竞争行为具有以下特征：

（1）实施本行为的主体是市场经营者，包括法人、其他经济组织和个体工商户；

（2）该行为在主观上只能是故意，即明知故犯，旨在削弱竞争对手的竞争能力；

（3）在行为的客观方面表现为针对同业竞争者，通过广告、影视、图书、信件、传单等宣传手段，采用文字、图形、言论等形式，故意制造虚假事实包括歪曲事实、捏造谣言，并进行公开传播，诋毁竞争对手的人格、商品、服务质量，使第三者不愿意或不敢与之进行交易。

（4）该行为侵犯的客体是同业竞争对手的商业信誉和商品声誉，即竞争对手的人格权。

4. 简述网络干扰行为。

答：《反不正当竞争法》第12条规定，经营者利用网络从事生产经营活动，应当遵守本法的各项规定。

经营者不得利用技术手段，通过影响用户选择或者其他方式，实施下列妨碍、破坏其他经营者合法提供的网络产品或者服务正常运行的行为：

（1）未经其他经营者同意，在其合法提供的网络产品或者服务中，插入链接、强制进行目标跳转；

（2）误导、欺骗、强迫用户修改、关闭、卸载其他经营者合法提供的网络产品或者服务；

（3）恶意对其他经营者合法提供的网络产品或者服务实施不兼容；

（4）其他妨碍、破坏其他经营者合法提供的网络产品或者服务正常运行的行为。

5.简述不正当的有奖销售行为

答：所谓有奖销售，是指经营者以给消费者提供奖品或奖金的手段进行商品促销的行为。有奖销售行为主要表现为附赠式有奖销售和抽奖式有奖销售两种形式。根据《反不正当竞争法》第10条的规定，经营者进行有奖销售不得存在下列情形：

（1）所设奖的种类、兑奖条件、奖金金额或者奖品等有奖销售信息不明确，影响兑奖；

（2）采用谎称有奖或者故意让内定人员中奖的欺骗方式进行有奖销售；

（3）抽奖式的有奖销售，最高奖的金额超过5万元。

七、论述题

试述我国《反不正当竞争法》规定的不正当竞争行为。

答：根据《反不正当竞争法》第6条、第7条、第8条、第9条、第10条、第11条、第12条的规定，我国的不正当竞争行为分为以下七种。

（1）混淆行为。

根据《反不正当交易法》的规定，混淆行为是指采用欺骗性标志的不正当行为，其具体表现在以下四个方面：

① 擅自使用与他人有一定影响的商品名称、包装、装潢等相同或者近似的标识；

② 擅自使用他人有一定影响的企业名称（包括简称、字号等）、社会组织名称（包括简称等）、姓名（包括笔名、艺名、译名等）；

③ 擅自使用他人有一定影响的域名主体部分、网站名称、网页等；

④ 其他足以引人误认为是他人商品或者与他人存在特定联系的混淆行为。

（2）商业贿赂行为。

商业贿赂行为的表现形式多种多样，可以是以回扣的方式，也可以是免费度假、豪华旅游、色情服务、房屋装修等。《反不正当竞争法》第7条规定，经营者不得采用财物或者其他手段贿赂下列单位或者个人，以谋取交易机会或者竞争优势：

① 交易相对方的工作人员；

② 受交易相对方委托办理相关事务的单位或者个人；

③ 利用职权或者影响力影响交易的单位或者个人。

经营者在交易活动中，可以以明示方式向交易相对方支付折扣，或者向中间人支付佣金。经营者向交易相对方支付折扣、向中间人支付佣金的，应当如实入账。接受折扣、佣金的经营者也应当如实入账。

经营者的工作人员进行贿赂的，应当认定为经营者的行为；但是，经营者有证据证明该工作人员的行为与为经营者谋取交易机会或者竞争优势无关的除外。

（3）侵犯商业秘密的行为。

《反不正当竞争法》所称的商业秘密，是指不为公众所知悉、具有商业价值并经权利人采取相应保密措施的技术信息、经营信息等商业信息。《反不正当竞争法》第9条规定，经营者不得实施下列侵犯商业秘密的行为：

① 以盗窃、贿赂、欺诈、胁迫、电子侵入或者其他不正当手段获取权利人的商业秘密；

② 披露、使用或者允许他人使用以前项手段获取的权利人的商业秘密；

③ 违反保密义务或者违反权利人有关保守商业秘密的要求，披露、使用或者允许他人使用其所掌握的商业秘密；

④ 教唆、引诱、帮助他人违反保密义务或者违反权利人有关保守商业秘密的要求，获取、披露、使用或者允许他人使用权利人的商业秘密。

经营者以外的其他自然人、法人和非法人组织实施前款所列违法行为的，视为侵犯商业秘密。

第三人明知或者应知商业秘密权利人的员工、前员工或者其他单位、个人实施该条第1款所列违法行为，仍获取、披露、使用或者允许他人使用该商业秘密的，视为侵犯商业秘密。

（4）虚假宣传。

《反不正当竞争法》第8条规定，经营者不得对其商品的性能、功能、质量、销售状况、用户评价、曾获荣誉等作虚假或者引人误解的商业宣传，欺骗、误导消费者。

经营者不得通过组织虚假交易等方式，帮助其他经营者进行虚假或者引人误解的商业宣传。

（5）诋毁商誉的行为。

《反不正当竞争法》第11条规定，经营者不得编造、传播虚假信息或者误导性信息，损害竞争对手的商业信誉、商品声誉。

（6）网络干扰行为。

《反不正当竞争法》第12条规定，经营者利用网络从事生产经营活动，应当遵守本法的各项规定。

经营者不得利用技术手段，通过影响用户选择或者其他方式，实施下列妨碍、破坏其他经营者合法提供的网络产品或者服务正常运行的行为：

① 未经其他经营者同意，在其合法提供的网络产品或者服务中，插入链接、强制进行目标跳转；

② 误导、欺骗、强迫用户修改、关闭、卸载其他经营者合法提供的网络产品或者服务；

③ 恶意对其他经营者合法提供的网络产品或者服务实施不兼容；

④ 其他妨碍、破坏其他经营者合法提供的网络产品或者服务正常运行的行为。

（7）不正当的有奖销售行为。

所谓有奖销售，是指经营者以给消费者提供奖品或奖金的手段进行商品促销的行为。有奖销售行为主要表现为附赠式有奖销售和抽奖式有奖销售两种形式。根据《反不正当竞争法》第10条的规定，经营者进行有奖销售不得存在下列情形：

① 所设奖的种类、兑奖条件、奖金金额或者奖品等有奖销售信息不明确，影响兑奖；

② 采用谎称有奖或者故意让内定人员中奖的欺骗方式进行有奖销售；

③ 抽奖式的有奖销售,最高奖的金额超过 5 万元。

八、案例分析题

答:(1) 李某辩解的理由不成立。

(2) 代美公司对该润肤美白化妆品享有商业秘密。

其一,《反不正当竞争法》所称的商业秘密,是指不为公众所知悉、具有商业价值并经权利人采取相应保密措施的技术信息、经营信息等商业信息;

其二,李某、张某、红佳公司的行为构成商业秘密侵权。

《反不正当竞争法》第 9 条规定,经营者不得实施下列侵犯商业秘密的行为:

① 以盗窃、贿赂、欺诈、胁迫、电子侵入或者其他不正当手段获取权利人的商业秘密;

② 披露、使用或者允许他人使用以前项手段获取的权利人的商业秘密;

③ 违反保密义务或者违反权利人有关保守商业秘密的要求,披露、使用或者允许他人使用其所掌握的商业秘密;

④ 教唆、引诱、帮助他人违反保密义务或者违反权利人有关保守商业秘密的要求,获取、披露、使用或者允许他人使用权利人的商业秘密。

经营者以外的其他自然人、法人和非法人组织实施前款所列违法行为的,视为侵犯商业秘密。第三人明知或者应知商业秘密权利人的员工、前员工或者其他单位、个人实施本条第一款所列违法行为,仍获取、披露、使用或者允许他人使用该商业秘密的,视为侵犯商业秘密。

其三,法院应判决侵权人停止侵权行为,赔偿损失,同时不得将其采取不正当手段获取的商业秘密再向外泄露。

第六章
反垄断法律制度

本章知识重点提示
- 反垄断法的基本理论
- 垄断行为及其规制
- 反垄断执法及调查程序

一、填空题

1. 反垄断法作为一部竞争法，其目的是维护_____，而不是直接保护_____。
2. 反垄断法不仅为各经济立法提供一般性的依据，又以自己的一些原则规定弥补各部门经济立法可能存在的不足，因此被称作为国家的_____。
3. 农业生产者及农村经济组织在_____、_____、_____、_____、_____等经营互动中实施的联合或者协同行为，不适用《反垄断法》。
4. 垄断协议是指排除、限制竞争的_____、_____或者其他_____。
5. 滥用市场支配地位行为是指居于_____的经营者为维持或者增强其_____，而实施的排除、限制竞争等行为。
6. 拒绝交易行为是指具有市场支配地位的经营者无正当理由，拒绝与_____，尤其是_____或者_____进行商品交易的行为。
7. 具有市场支配地位的经营者，违背交易相对人的意愿，强迫交易对方购买从性质、交易习惯上均与合同无关的商品或服务的行为，被称为_____。
8. 具有市场支配地位的经营者在提供相同产品或者服务时，没有正当理由，对交易条件相同的交易相对人实行不同交易价格或交易条件的行为，被称为_____。
9. 市场份额是指特定企业的_____、_____或者_____在相关市场所占的比例，是判定一个企业是否具有市场支配地位的重要因素。
10. 反垄断执法机构调查涉嫌垄断行为，执法人员不得少于_____人，并应当出示_____。

二、单项选择题

1. 下列行为中，涉嫌违反我国《反垄断法》的是（　　）。
   A. 中国移动、中国联通等几家国有电信企业共同占据我国电信基础运营业务市场的全部份额
   B. 经国家有关部门批准，中石油、中石化等石油企业联合上调成品油价格

C. 某行业协会召集本行业经营者，共同制定本行业产品的定价公式

D. 某生产企业通过协议限制分销商转售商品的最高价格

2. 某品牌服装市场份额较大，因销售数量急剧下降，生产商召集经销商开会，令其不得低于限价进行销售，对违反者将扣除保证金、减少销售配额直至取消销售资格。关于该行为的性质，下列选项正确的是（   ）。

　　A. 维护品牌形象的正当行为　　　　　B. 滥用市场支配地位的行为

　　C. 价格同盟行为　　　　　　　　　　D. 纵向垄断协议行为

3. 以下情形中，不能推定经营者具有市场支配地位的情形有（   ）。

　　A. 一个经营者在相关市场的市场份额达到1/2

　　B. 两个经营者在相关市场的市场份额达到2/3

　　C. 三个经营者在相关市场的市场份额达到3/4

　　D. 两个经营者在相关市场的市场份额达到3/4

4. 以下行为中不属于我国《反垄断法》规定的垄断行为的是（   ）。

　　A. 经营者达成垄断协议

　　B. 经营者滥用市场支配地位

　　C. 设置技术壁垒，提高市场价格

　　D. 具有或者可能具有排除、限制竞争效果的经营者集中

5. 下列因素中，反垄断执法机构在认定市场支配地位时应当了解的因素是（   ）。

　　A. 经营者的市场份额超过70%

　　B. 新的竞争对手进入该市场非常困难

　　C. 该经营者是下游经营者的主要合作商

　　D. 该经营者具有非常雄厚的融资能力

三、多项选择题

1. 我国《反垄断法》禁止的价格垄断协议行为是（   ）。

　　A. 固定或者变更商品和服务的价格水平

　　B. 固定或者变更价格变动幅度

　　C. 固定或者变更对价格有影响的手续费、折扣或者其他费用

　　D. 使用约定的价格作为与第三方交易的基础

2. 下列行为中属于限制商品的生产数量或销售数量的是（   ）。

　　A. 以限制产量、固定产量、停止生产等方式限制商品的生产数量

　　B. 以拒绝供货方式限制商品的销售数量

　　C. 以限制产量、固定产量、停止生产等方式限制商品特定品种、型号的生产数量

　　D. 以限制商品投放数量等方式限制商品特定品种、型号的销售数量

3. 下列行为中属于分割销售市场或者原材料采购市场的是（   ）。

　　A. 划分商品销售地域、销售对象或者销售商品的种类、数量

　　B. 划分原料、半成品、零部件、相关设备等原材料的采购区域、种类、数量

　　C. 划分原料、半成品、零部件、相关设备等原材料的供应商

　　D. 划分原料、半成品、零部件、相关设备等原材料的采购商

4. 下列行为中属于限制购买新技术、新设备或者开发新技术、新产品行为的是（   ）。

A. 限制购买、使用新技术、新工艺
B. 限制购买、租赁、使用新设备
C. 拒绝采用新的技术标准
D. 拒绝投资新技术、新工艺

5. 下列行为中属于联合抵制交易行为的是（　　　　）。
A. 联合拒绝向特定经营者供货或者销售商品
B. 联合拒绝采购或销售特定经营者的技术成果
C. 联合拒绝采购或者销售特定经营者的商品
D. 联合限定特定经营者不得与其具有竞争关系的经营者进行交易

6. 认定价格是否公平合理应当考虑（　　　　）。
A. 销售价格是否明显高于或者明显低于其他经营者在相同或者相似市场条件下销售可比较商品的价格
B. 在成本基本稳定的情况下，是否超过正常幅度提高销售价格或者降低购买价格
C. 购买商品的降价幅度是否高于交易相对人成本降低幅度
D. 销售商品的提价幅度是否高于成本增长幅度

7. 关于拒绝交易行为的表现，以下说法正确的是（　　　　）。
A. 削减与交易相对人的现有交易数量
B. 拒绝与交易相对人进行新的交易
C. 设置限制性条件，使交易相对人难以继续与其进行交易
D. 拖延、中断与交易相对人的现有交易

8. 以下行为中属于禁止具有市场支配地位的经营者无正当理由实施限定交易行为的是（　　　　）。
A. 限定交易相对人只能与其进行交易
B. 限定交易相对人只能遵循公司产品标准
C. 限定交易相对人只能与其指定的经营者进行交易
D. 限定交易相对人不得与其竞争对手进行交易

9. 下列行为中属于在交易条件上实行差别待遇的行为的是（　　　　）。
A. 实行不同的交易数量、品种、品质等级
B. 实行不同的数量折扣等优惠条件
C. 实行不同的付款条件、交付方式
D. 实行不同的保修内容和期限等服务条件

10. 判断参与集中的经营者是否取得或增加市场控制力时要考虑的因素是（　　　　）。
A. 参与集中的经营者在本国市场的市场份额
B. 参与集中的经营者产品或服务的替代程度
C. 参与集中的经营者的财力和技术条件
D. 参与集中的经营者的上游客户的购买能力

四、名词解释

1. 反垄断法
2. 纵向协议

3. 固定转售商品价格

五、简答题
1. 简述反垄断协议豁免的情形。
2. 简述滥用市场支配地位的具体行为。
3. 简述滥用市场支配地位的推定标准。

六、论述题
试述我国《反垄断法》的立法宗旨。

参 考 答 案

一、填空题
1. 市场竞争机制　特定的竞争者
2. 经济"宪法"
3. 农产品生产　加工　销售　运输　储存
4. 协议、决定　协同行为
5. 市场支配地位　市场支配地位
6. 交易相对人　零售商　批发商
7. 搭售行为
8. 差别待遇行为
9. 总产量　销售量　生产能力
10. 2　执法证件

二、单项选择题
1. C 2. D 3. D 4. C 5. B

三、多项选择题
1. ABCD 2. ABCD 3. ABC 4. ABCD 5. ABD 6. AB 7. ABCD 8. ACD 9. ABCD 10. BC

四、名词解释
1. 反垄断法：是指为了预防和制止垄断行为，保护市场公平竞争，提高经济运行效率，维护消费者和社会公共利益，促进市场经济健康发展而制定的法律，是国家调控市场主体的反垄断行为而制定的宏观经济调控法律规范。
2. 纵向协议：在生产或者销售过程中处于不同阶段的经营者之间达成的协议，如生产商与批发商之间、批发商与零售商之间的协议。
3. 固定转售商品价格：经营者与交易相对人达成协议，固定交易相对人向第三人转售商品的价格。

五、简答题
1. 简述反垄断协议豁免的情形。

答：反垄断协议豁免的情形如下：
(1) 为改进技术、研究开发新产品的；
(2) 为提高产品质量、降低成本、增进效率，统一产品规格、标准或者实行专业化分工的；
(3) 为提高中小经营者经营效率，增强中小经营者竞争力的；
(4) 为实现节约能源、保护环境、救灾救助等社会公共利益的；
(5) 因经济不景气，为缓解销售量严重下降或者生产明显过剩的；
(6) 为保障对外贸易和对外经济合作中的正当利益的；
(7) 法律和国务院规定的其他情形。

2. 简述滥用市场支配地位的具体行为。

答：滥用市场支配地位的行为如下：
(1) 以不公平的高价销售商品或者以不公平的低价购买商品；
(2) 没有正当理由，以低于成本的价格销售商品；
(3) 没有正当理由，拒绝与交易相对人进行交易；
(4) 没有正当理由，限定交易相对人只能与其进行交易或者只能与其指定的经营者进行交易；
(5) 没有正当理由搭售商品，或者在交易时附加其他不合理的交易条件；
(6) 没有正当理由，对条件相同的交易相对人在交易价格等交易条件上实行差别待遇；
(7) 国务院反垄断执法机构认定的其他滥用市场支配地位的行为。

3. 简述滥用市场支配地位的推定标准。

答：滥用市场支配地位的推定标准如下：
(1) 一个经营者在相关市场的市场份额达到1/2的；
(2) 两个经营者在相关市场的市场份额合计达到2/3的；
(3) 三个经营者在相关市场的市场份额合计达到3/4的。

有第(2)项、第(3)项规定的情形，其中有的经营者市场份额不足1/10的，不应当推定该经营者具有市场支配地位。被推定具有市场支配地位的经营者，有证据证明不具有市场支配地位的，不应当认定其具有市场支配地位。

六、论述题

试述我国《反垄断法》的立法宗旨。

答：我国《反垄断法》的立法宗旨包括：

(1) 预防和制止垄断行为。

垄断行为通常会排除或限制市场竞争，造成整体经济效率低下，破坏社会生产力的发展。《反垄断法》通过规定垄断行为的界限、识别标准以及法律责任，以期达到预防和制止垄断行为的目的。

(2) 保护市场竞争机制，提高经济效率。

《反垄断法》保护市场竞争机制，在竞争环境中通过价格引导以及经营者和消费者的分散决策和交互作用，使资源得到最优化的配置，以提高整体经济效率，造福于全社会所有成员。

(3) 维护消费者整体利益。

《反垄断法》并非直接以消费者权益保护为其立法目标，是通过维护市场竞争机制，提高经济效率，从而从整体上提高产品质量和降低价格，使消费者整体获得福利，并不针对个别消费者具体权益的保护。

(4) 维护社会公共利益。

《反垄断法》的主要立法宗旨是维护竞争环境,提高市场经济效率,但同时要维护社会公共利益,要平衡其他社会目标。因此,为实现节约能源、保护环境的垄断协议可以得到豁免,对符合社会公共利益的经营者集中行为,可以不予禁止。

第七章
产品质量法律制度

本章知识重点提示
➢《产品质量法》中的产品概念
➢ 我国的产品质量监督管理制度
➢ 生产者的产品责任和义务
➢ 销售者的产品责任和义务
➢ 产品瑕疵与产品缺陷

一、填空题

1.《产品质量法》所指的产品,是以_____为目的,通过_____、_____等生产方式所获得的具有特定使用性能的物品。

2. _____主管全国产品质量监督工作。

3. 我国的产品质量标准包括_____、_____、_____和_____。

4. 国家对产品质量实行以_____为主要方式的监督检查制度。

5. 生产者的产品质量责任是指生产者因其生产的产品_____,造成用户、消费者或者其他人的_____、_____而应承担的_____。

6. 因产品存在缺陷造成他人损害的,被侵权人可以向产品的_____请求赔偿,也可以向产品的_____请求赔偿。

7. 当产品投入流通后发现存在缺陷的,生产者、销售者应当及时采取_____、_____、_____等补救措施。

8. 经营者明知产品存在缺陷仍然生产、销售,或者没有依据法律规定采取有效补救措施,造成他人死亡或者健康严重损害的,被侵权人有权请求相应的_____。

9. 销售失效、变质的产品的,责令停止销售,_____,并处违法销售产品货值金额_____倍以下的罚款。

10. 通常认为,产品缺陷主要包括_____、_____、_____等。

二、单项选择题

1. 根据我国《产品质量法》的规定,(　　)不适用我国《产品质量法》的规定。
   A. 进口产品　　　　B. 汽车　　　　C. 出口商品　　　　D. 初级农产品

2. 我国产品质量监督体系中的国家机关对产品质量的监督主要采取(　　)。
   A. 媒体监督　　　　B. 产品质量普查　　　　C. 产品质量抽查　　　　D. 产品质量整顿

3. 甲厂开发了一种新型节能炉具,先后制造出10件样品,后有6件样品丢失。2016年,某市一户居民的燃气罐发生爆炸,查明原因是使用了甲厂丢失的6件样品炉具中的一件,而该炉具存在重大缺陷。该户居民要求甲厂赔偿损失,甲厂不同意赔偿。下列理由中最能支持甲厂立场的是( )。

　　A. 该炉具尚未投入流通
　　B. 该户居民如何得到炉具的事实不清
　　C. 该户居民偷盗样品,由此造成的损失应由其自负
　　D. 该户居民应向提供给其炉具的人索赔

4. 因产品侵权损害赔偿的诉讼时效为( ),自受害人知道或者应当知道缺陷产品造成其权益损害之日起计算。

　　A. 2年　　　　　B. 3年　　　　　C. 4年　　　　　D. 10年

5. 承担产品责任的赔偿范围一般不包括( )。

　　A. 人身伤害　　B. 精神损失　　C. 财产损失　　D. 死者的抚恤金

6. 下列属于我国《产品质量法》所称产品的是( )。

　　A. 初级农产品　　　　　　　　B. 天然形成的物品
　　C. 房屋　　　　　　　　　　　D. 电

7. 生产者经过举证证明,仍不能免除产品缺陷责任的情形是( )。

　　A. 未将产品投入流通的
　　B. 产品投入流通时,引起损害的缺陷尚不存在
　　C. 将产品投入流通时的科技水平尚不能发现缺陷存在的
　　D. 生产者事先不曾作出声明的

8. 我国产品质量认证制度实行( )原则。

　　A. 自愿认证　　　　　　　　　B. 强制认证
　　C. 自愿认证与强制认证相结合　D. 指定商品认证

9. 乙商场从甲公司进货一批玻璃花瓶,甲公司称花瓶为新产品,瓶身上有不规则的抽象花纹。乙商场接货后即行销售,后很多消费者投诉说花瓶上的花纹实际上是裂缝,导致花瓶漏水,要求乙商场退货并赔偿损失。乙商场与甲公司交涉,甲公司称此类花瓶仅用于插装塑料花,裂缝不影响使用,且有特殊的美学效果,拒绝承担责任。经查,消费者所述属实。关于此案,下列判断不正确的是( )。

　　A. 乙商场应予退换,并赔偿损失
　　B. 乙商场退换并赔偿损失后,可向甲公司追偿
　　C. 消费者丙被花瓶裂缝划伤,可直接向甲公司索赔
　　D. 乙商场无过错,不应当对此负责

10. 下列产品中存在《产品质量法》所称缺陷的是( )。

　　A. 图像效果不佳的电视机　　　B. 制冷效果不好的空调机
　　C. 损伤皮肤的化妆品　　　　　D. 保温效果不好的暖水瓶

三、多项选择题

1. 下列产品中,不适用我国《产品质量法》的产品包括( )。

　　A. 初级农产品　　　　　　　　B. 未经加工的天然形成的产品

C. 不动产　　　　　　　　　　　　　D. 进出口产品

2. 根据我国《产品质量法》的规定,产品质量应当符合(　　　)要求。
A. 不存在危及人身、财产安全的危险
B. 有保障人体健康、人身、财产安全的国家标准的、行业标准的,应当符合标准
C. 具备产品应当具备的使用性能,但是对产品存在使用性能的瑕疵作出说明的除外
D. 符合在产品或者其包装上注明采用的产品标准
E. 符合以产品说明、实物样品等方式表明的质量状况

3. 根据我国《产品质量法》的规定,销售者的产品质量义务包括(　　　)等。
A. 执行进货检查验收制度　　　　　B. 采取措施,保持销售产品的质量
C. 销售的产品的标识符合有关规定　D. 不得伪造产地等标识

4. 我国《产品质量法》规定的产品质量监督可以分为(　　　)。
A. 企业监督　　B. 社会监督　　C. 国家监督　　D. 企业相互监督

5. 下列产品的包装不符合《产品质量法》的要求的是(　　　)。
A. 某商场销售的"三星"彩电只有韩文和英文说明书
B. 某厂生产的火腿肠没有标明厂址
C. 某厂生产的香烟没有标明"吸烟有害身体健康"
D. 某厂生产的瓶装葡萄酒没有标明酒精度

6. 下列产品中应有警示标志或中文警示说明的是(　　　)。
A. 有副作用的药品　　　　　　　　B. 需稀释方可使用的农药
C. 易燃易爆物　　　　　　　　　　D. 书籍

7. 销售者在产品质量方面承担民事责任的具体形式包括(　　　)。
A. 修理　　　B. 更换　　　C. 退货　　　D. 赔偿

8. 销售者不得销售(　　　)的产品。
A. 伪造产地　　　　　　　　　　　B. 冒用他人厂名、厂址
C. 伪造认证标志　　　　　　　　　D. 冒用认证标志

9. 市场监督管理部门在产品质量检验抽查中,(　　　)。
A. 国家监督抽查的产品,地方不得另行重复抽查
B. 上级监督抽查的产品,下级不得另行重复抽查
C. 检验抽取样品的数量不得超过检验的合理需要
D. 不得向被检查人收取检验费用

10. 因产品存在缺陷造成受害人人身伤害的,侵害人应当赔偿(　　　)等费用。
A. 医疗费　　　　　　　　　　　　B. 治疗期间的护理费
C. 因误工减少的收入　　　　　　　D. 生活补助费

四、判断题

1. 根据我国《产品质量法》的规定,国家对产品质量的监督检查的主要方式是普查。
(　　　)
2. 现代产品责任法一般采用严格责任原则和过错推定原则。　　　　　　(　　　)
3. 产品只要不存在设计、制造上的缺陷,便不会发生产品责任。　　　　　(　　　)
4. 建设工程以及建设工程使用的建筑材料、建筑构配件和设备等产品,都不适用我国

《产品质量法》的规定。（ ）

5. 因产品存在缺陷造成他人损害的,被侵权人可以向产品的生产者请求赔偿,也可以向产品的销售者请求赔偿。（ ）

6. 产品投入流通后发现存在缺陷的,应由销售者采取及时停止销售、警示、召回等补救措施。（ ）

7. 明知产品存在缺陷仍然生产、销售,或没有采取有效补救措施,造成他人死亡或者健康严重损害的,被侵权人有权请求相应的惩罚性赔偿。（ ）

8. 对产品采取召回措施而支出的必要费用,由被侵权人自行负担。（ ）

9. 我国《产品质量法》适用于一切产品,包括未经加工的天然形成的产品、初级农产品和军工产品。（ ）

10. 根据我国《产品质量法》的规定,生产者对因产品缺陷造成的一切损害承担赔偿责任。（ ）

五、名词解释

1. 产品瑕疵

2. 产品缺陷

3. 产品缺陷责任

六、简答题

1. 简述我国《产品质量法》中产品的概念与条件。

2. 简述《产品质量法》的适用范围。

七、论述题

试述生产者的产品质量责任和义务。

八、案例分析题

2021年3月,黄某从当地百货商店购得一台液晶彩电。同年7月,在正常使用过程中,彩电突然发生爆炸,所幸未伤及家人,但家具受到了一定程度的损坏。黄某非常气恼,立即到百货商店提出赔偿请求,要求其承担损害赔偿责任。可是,百货商店认为自己对产品瑕疵没有过错,让黄某向彩电生产厂家提出赔偿请求。无奈,黄某将百货公司诉至法院。经检验,该彩电出厂时质量就有问题,而百货商店对此的确不知情。

问:(1)法院对黄某诉百货商店一案应予受理吗?为什么?

(2)本案应如何处理?为什么?

参考答案

一、填空题

1. 销售　工业加工　手工制作

2. 国务院市场监督管理部门

3. 国家标准　行业标准　地方标准　团体标准　企业标准

4. 抽查

5. 存在缺陷　人身　缺陷产品以外的财产损害　赔偿责任

6. 生产者　销售者

7. 停止销售　警示　召回

8. 惩罚性赔偿

9. 没收违法销售的产品　2

10. 设计缺陷　制造缺陷　警示说明（标识或指示）缺陷

二、单项选择题

1. D　2. C　3. A　4. B　5. B　6. D　7. D　8. A　9. D　10. C

三、多项选择题

1. ABC　2. BCDE　3. ABCD　4. ABC　5. ABCD　6. ABC　7. ABCD　8. ABCD　9. ABCD　10. ABC

四、判断题

1. 错　2. 对　3. 错　4. 错　5. 对　6. 错　7. 对　8. 错　9. 错　10. 错

五、名词解释

1. 产品瑕疵：是指产品不符合法律规定或当事人之间约定的质量标准，不具备良好的特征或特性，不符合在产品或其包装上注明采用的产品标准，或者不符合产品说明、实物样品等方式表明的质量状况等。

2. 产品缺陷：是指产品存在危及人身、财产安全的不合理的危险；产品有保障人体健康，人身、财产安全的国家标准、行业标准的，是指不符合该标准。

3. 产品缺陷责任：也就是通常所说的产品责任，是指生产者、销售者因其生产或销售的产品存在缺陷，而给使用者、消费者造成人身伤害或者缺陷产品以外的财产损失所应承担的法律责任。

六、简答题

1. 简述我国《产品质量法》中产品的概念与条件。

答：我国《产品质量法》中所称的产品，是指经过加工、制作，用于销售的产品。它是以销售为目的，通过工业加工、手工制作等生产方式所获得的具有特定使用性能的物品。它必须满足两个条件：（1）产品必须经过加工或制作。加工、制作是指改变原材料、毛坯或半成品的形状、性质或表面状态，使之达到规定要求的各种工作的统称。（2）产品必须用于销售。只有经过流通环节，被人们所获得，并用于满足其生产消费需求的物品才能成为《产品质量法》意义上的产品。

2. 简述《产品质量法》的适用范围。

答：《产品质量法》第2条对其适用范围作出了规定：

（1）适用的地域为中华人民共和国境内，包括在中国境内销售的进口产品；

（2）适用的主体是在中华人民共和国境内从事产品生产或销售活动的各类主体，包括个人、企业、事业单位、国家机关、社会组织和个体工商业经营者等；

（3）不适用于未经加工的天然形成的产品（如原矿、原煤、石油、天然气等产品）、初级农产品(如农、林、牧、渔等产品)和军工产品。

(4) 不适用于建设工程。

七、论述题

试述生产者的产品质量责任和义务。

答:我国《产品质量法》所规定的生产者的产品质量责任和义务主要表现在以下两个方面:

(1) 保证产品质量的义务,这是生产者的首要义务。生产者应当对其生产的产品质量负责,这是法律对生产者履行产品质量义务的总体概括,具体包括:

① 不存在危及人身、财产安全的不合理的危险,有保障人体健康和人身、财产安全的国家标准、行业标准的,应当符合该标准;② 具备产品应当具备的使用性能,但是对产品存在使用性能的瑕疵作出说明的除外;③ 符合在产品或者其包装上注明采用的产品标准,符合以产品说明、实物样品等方式表明的质量状况。

(2) 保证符合产品标识要求的义务。产品或者其包装上的标识必须真实,并应当符合下列条件:

① 有产品质量检验合格证明;② 有中文标明的产品名称、生产厂厂名和厂址;③ 根据产品的特点和使用要求,需要标明产品规格、等级、所含主要成分的名称和含量的,用中文相应予以标明;需要事先让消费者知晓的,应当在外包装上标明,或者预先向消费者提供有关资料;④ 限期使用的产品,应当在显著位置清晰地标明生产日期和安全使用期或者失效日期;⑤ 使用不当,容易造成产品本身损坏或者可能危及人身、财产安全的产品,应当有警示标志或者中文警示说明。此外,裸装的食品和其他根据产品的特点难以附加标识的裸装产品,可以不附加产品标识。

八、案例分析题

答:(1) 法院对此案应予受理。根据《民法典》的规定,因产品存在缺陷造成他人损害的,被侵权人可以向产品的生产者请求赔偿,也可以向产品的销售者请求赔偿。所以,黄某诉销售者——百货商店是有法律根据的,法院应予受理。

(2) 根据《民法典》的规定,产品缺陷由生产者造成的,销售者赔偿后,有权向生产者追偿。因销售者的过错使产品存在缺陷的,生产者赔偿后,有权向销售者追偿。因运输者、仓储者等第三人的过错使产品存在缺陷,造成他人损害的,产品的生产者、销售者赔偿后,有权向第三人追偿。本案中,如果是因生产厂家的原因而导致产品缺陷的,百货商店向黄某承担了赔偿责任后,有权向生产厂家追偿。

第八章
商标法律制度

本章知识重点提示
- 商标的概念和种类
- 商标的功能
- 注册商标与商标专用权的概念及法律规定
- 商标专用权的法律保护

一、填空题

1. 立体商标是指在_____里以_____表现的商标。
2. 证明商标是用以证明该商品或者服务的_____、_____、_____、_____或者其他特定_____的标志。
3. 商标具有_____、_____、_____以及_____等法律特征。
4. 在商标权取得方面，国际社会普遍采取_____、_____以及_____等三种原则。
5. 一般情况下，对初步审定的商标，自公告之日起_____个月内，在先权利人、利害关系人以及其他任何人均可以提出异议。
6. 对商标局异议裁定不服的，商标注册申请人可以自收到通知之日起_____日内向商标评审委员会申请复审。
7. 当事人对商标评审委员会的决定或裁定不服的，可以自收到通知之日起_____日内向人民法院起诉。
8. 注册商标成为其核定使用的商品的通用名称或者没有正当理由连续_____年不使用的，任何单位或者个人可以向商标局申请撤销该注册商标。
9. 假冒行为是_____、_____、损害商标注册人的_____以及_____的侵权行为。
10. 反向假冒行为是某人买来他人的商品后，撤下他人的注册商标，换上_____的注册商标再在市场上出售的商标侵权行为。

二、单项选择题

1. 根据《商标法》及相关规定，下列标志中不可以作为商标使用的是（   ）。
   A. 同外国的国家名称相同，但经该国政府同意的
   B. 同政府间国际组织的旗帜相同，但不易误导公众的

C. 县级以上行政区划的地名，但具有其他含义的

D. 同中央国家机关所在地特定地点的名称相同的

2. 慈溪蜜梨产于浙江省宁波市慈溪市，因其不同于一般梨子，果大，水分特别充足，营养极为丰富而出名。现该地区欲对慈溪蜜梨地理标志进行注册保护，在商标法体系下可以申请注册的是（　　）。

A. 申请注册普通商标　　　　　　B. 申请注册地名商标

C. 申请注册组合商标　　　　　　D. 申请注册证明商标

3. 甲公司于1999年5月8日提交了一份商标注册申请，该商标于2000年2月8日获准注册，目前该商标仍为有效商标。如果甲公司需要继续使用该商标，最迟应于（　　）提交注册商标续展申请。

A. 2020年2月7日　　　　　　B. 2020年2月8日

C. 2020年8月7日　　　　　　D. 2020年8月8日

4. 在某商标侵权案件中，注册商标专用权人请求赔偿的，被控侵权人提出抗辩可能会免于承担赔偿责任的理由是（　　）。

A. 注册商标专用权人未使用注册商标

B. 注册商标专用权人未合理使用注册商标

C. 注册商标专用权人使用注册商标未满三年

D. 使用该注册商标的产品质量不达标

5. 根据《商标法》及相关规定，下列商标中不能在我国获准注册的是（　　）。

A. 颜色商标　　　　　　　　　　B. 立体商标

C. 位置商标　　　　　　　　　　D. 声音商标

三、多项选择题

1. 根据《商标法》及相关规定，下列商标注册申请应当予以驳回的是（　　）。

A. 申请注册的标志用作商标易产生不良影响的

B. 申请注册的标志不具有显著特征的

C. 申请注册的标志同他人在类似商品上已经注册的商标相同或者近似的

D. 未缴纳商标申请费用的

2. 根据《商标法》及相关规定，以中国为原属国申请商标国际注册的，应当至少符合（　　）。

A. 在中国设有真实有效的营业所　　B. 在中国有住所

C. 拥有中国国籍　　　　　　　　D. 必须同时符合以上所有条件

3. 根据《商标法》相关规定，商标注册人可以在其商品上标明（　　），表示其已经注册。

A. "注册商标"　　　　　　　　　B. "国家知识产权局"

C. ®　　　　　　　　　　　　　D. ©

4. 根据《商标法》及相关规定，商标注册人可以通过签订商标使用许可合同，许可他人使用其注册商标。这里规定的商标使用许可包括（　　）。

A. 分割使用许可　　　　　　　　B. 独占使用许可

C. 排他使用许可　　　　　　　　D. 普通使用许可

5. 根据《商标法》及相关规定,宣告注册商标无效的决定或者裁定,对下列法律文书中不具有追溯力的是(　　　　)。

　　A. 对宣告无效前人民法院作出并执行的商标侵权案件的判决

　　B. 对宣告无效前人民法院作出并执行的商标侵权案件的调解书

　　C. 对已经具备履行条件的使用许可合同

　　D. 对已经履行的商标转让合同

6. 根据《商标法》及相关规定,下列关于注册商标专用权的说法正确的是(　　　　)。

　　A. 注册商标中含有的地名,注册商标专用权人无权禁止他人正当使用

　　B. 注册商标的专用权,以核准注册的商标和核定使用的商品为限

　　C. 侵犯注册商标专用权的赔偿数额应当包括权利人为制止侵权行为所支付的合理开支

　　D. 商标注册人申请商标注册前,他人已经在同一种商品上先于商标注册人使用与注册商标相同的商标的,注册商标专用权人可以禁止该使用人继续使用该商标

7. 根据《商标法》及相关规定,因侵犯注册商标专用权引起纠纷的,商标注册人或者利害关系人可以向人民法院起诉。这里规定的利害关系人包括(　　　　)。

　　A. 注册商标使用许可合同的被许可人

　　B. 商标注册人的子公司

　　C. 注册商标财产权利的合法继承人

　　D. 与商标注册人有密切关系的其他经营者

8. 根据《商标法》及相关规定,下列商品案件中属于人民法院可以受理的是(　　　　)。

　　A. 商标专用权权属纠纷案件　　　　B. 商标专用权转让合同纠纷案件

　　C. 商标许可使用合同纠纷案件　　　　D. 商标局作出不予注册决定

9. 根据《商标法》及相关规定,销售不知道是侵犯注册商标专用权的商品,能证明该商品是自己合法取得并说明提供者的,不承担赔偿责任。下列情形中属于能证明该商品是自己合法取得的是(　　　　)。

　　A. 有供货单位合法签章的供货清单和货款收据且经查证属实的

　　B. 有供销双方签订的进货合同且经查证已经真实履行的

　　C. 有合法进货发票且发票记载事项与涉案商品对应的

　　D. 以上都是

10. 根据《商标法》及相关规定,下列关于驰名商标的说法正确的是(　　　　)。

　　A. 对未在中国注册的驰名商标,在相同或者类似商品上予以保护

　　B. 对已在中国注册的驰名商标,在不相同或者不相类似商品上予以跨类保护

　　C. 驰名商标所有人基于相对理由对恶意注册的商标请求宣告无效的申请,其不受五年的时间限制

　　D. 经营者可以将"驰名商标"字样用于广告宣传

四、名词解释

1. 集体商标

2. 联合商标

3. 商标权

五、简答题

1. 简述商标注册的条件。

2. 简述侵犯商标专用权的情形。

3. 简述注册商标专用权侵权行为的行政救济措施。

六、论述题

试述商标权及其内容。

参 考 答 案

一、填空题

1. 三维空间　实体造型

2. 原产地　原料　制造方法　质量　品质

3. 法律确认性　专有性　地域性　时效性

4. 使用原则　注册原则　使用和注册混合原则

5. 3

6. 15

7. 30

8. 3

9. 混淆商品出处　误导消费者　合法权益　消费者利益

10. 自己

二、单项选择题

1. D　**2.** D　**3.** C　**4.** A　**5.** C

三、多项选择题

1. ABC　**2.** ABC　**3.** AC　**4.** BCD　**5.** ABD　**6.** ABC　**7.** AC　**8.** ABC　**9.** ABCD

10. ABC

四、名词解释

1. 集体商标：以团体、协会或者其他组织的名义注册，供该组织成员在商事活动中使用，以表明使用者在该组织中的成员资格的标志。

2. 联合商标：同一个民事主体在同一种商品或类似商品上注册的一组商标，其中，首先注册的商标为主商标，其他商标为联合商标。

3. 商标权：商标注册人对其注册商标所核定使用的商品或服务上享有的，在一定范围内排斥他人使用的权利。

五、简答题

1. 简述商标注册的条件。

答：（1）以使用为目的申请注册。在生产经营活动中，对其商品或者服务需要取得商标专用权的自然人、法人以及其他组织都可以申请商标注册。但不以使用为目的的恶意商标注册申请,应当予以驳回。

(2) 商标应具备显著特征。商标应具备帮助消费者将其所代表的生产经营者的商品或者服务同其他生产经营者的商品或者服务区分的能力。

(3) 商标应便于识别。

(4) 不得与他人在先取得的合法权利相冲突,即不得同商号权、著作权、外观设计权、姓名权以及肖像权等合法权利相冲突。

2. 简述侵犯商标专用权的情形。

答:侵犯商标专用权的情形有:

(1) 未经商标注册人的许可,在同一种商品上使用与其注册商标相同的商标的行为;

(2) 未经商标注册人的许可,在同一种商品上使用与其注册商标近似的商标,或者在类似商品上使用与其注册商标相同或者近似的商标,容易导致混淆的行为;

(3) 销售侵犯注册商标专用权的商品行为;

(4) 伪造、擅自制造他人注册商标标识或者销售伪造、擅自制造的注册商标标识的行为;

(5) 未经商标注册人同意,更换其注册商标并将该更换商标的商品又投入市场的行为;

(6) 故意为侵犯他人商标专用权行为提供便利条件,帮助他人实施侵犯商标专用权行为的行为;

(7) 给他人的注册商标专用权造成其他损害的行为。

3. 简述注册商标专用权侵权行为的行政救济措施。

答:《商标法》规定,对侵权注册商标专用权的行为,相应管理部门有权依法查处;涉嫌犯罪的,应当及时移送司法机关依法处理。

(1) 管理部门根据已经取得的违法嫌疑证据或者举报,对涉嫌侵犯他人注册商标专用权的行为进行查处时,可以行使下列职权:① 询问有关当事人,调查与侵犯他人注册商标专用权有关的情况;② 查阅、复制当事人与侵权活动有关的合同、发票、账簿以及其他有关资料;③ 对当事人涉嫌从事侵犯他人注册商标专用权活动的场所实施现场检查;检查与侵权活动有关的物品;④ 对有证据证明是侵犯他人注册商标专用权的物品,可以查封或者扣押。

(2) 在查处商标侵权案件的过程中,对商标权属存在争议或者权利人同时向人民法院提起商标侵权诉讼的,管理部门可以中止案件的查处。中止原因消除后,应当恢复或者终结案件查处程序。

(3) 管理部门处理时,认定侵权行为成立的,责令立即停止侵权行为,没收、销毁侵权商品和主要用于制造侵权商品、伪造注册商标标识的工具,违法经营额5万元以上的,可以处违法经营额5倍以下的罚款,没有违法经营额或者违法经营额不足5万元的,可以处25万元以下的罚款。对5年内实施两次以上商标侵权行为或者有其他严重情节的,应当从重处罚。销售不知道是侵犯注册商标专用权的商品,能证明该商品是自己合法取得并说明提供者的,由管理部门责令停止销售。

六、论述题

试述商标权及其内容。

答:商标权即商标注册人所享有的商标专用权,是指商标注册人对其注册商标所核定使用的商品或服务上享有的,在一定范围内排斥他人使用的权利。商标权的内容是指商标注册人对其注册商标依法所享有的使用权、禁止权、转让权、许可使用权、出质权等专有权利。

（1）商标使用权。

商标使用权是指商标注册人自己对其注册商标的使用权利。《商标法》第48条规定："本法所称商标的使用，是指将商标用于商品、商品包装或者容器以及商品交易文书上，或者将商标用于广告宣传、展览以及其他商业活动中，用于识别商品来源的行为。"

（2）商标禁止权。

商标禁止权是指商标注册人所享有的禁止他人擅自使用与其注册商标相同的商标，以及导致混淆的商标的权利。根据《商标法》第57条的规定，未经商标注册人的许可，在同一种商品上使用与其注册商标相同的商标的，以及在同一种商品上使用与其注册商标近似的商标，或者在类似商品上使用与其注册商标相同或者近似的商标，容易导致混淆的，均属侵犯注册商标专用权。

（3）商标转让权。

商标转让权是指商标注册人依照法定程序，将其所享有的注册商标所有权转让给他人的权利。《商标法》第42条规定："转让注册商标的，转让人和受让人应当签订转让协议，并共同向商标局提出申请。受让人应当保证使用该注册商标的商品质量。……转让注册商标经核准后，予以公告。受让人自公告之日起享有商标专用权。"

（4）商标许可使用权。

商标许可使用权是指商标注册人享有的以一定的方式和条件许可他人使用其注册商标并获得收益的权利。《商标法》第43条规定："商标注册人可以通过签订商标使用许可合同，许可他人使用其注册商标。许可人应当监督被许可人使用其注册商标的商品质量。被许可人应当保证使用该注册商标的商品质量。经许可使用他人注册商标的，必须在使用该注册商标的商品上标明被许可人的名称和商品产地。许可他人使用其注册商标的，许可人应当将其商标使用许可报商标局备案，由商标局公告。商标使用许可未经备案不得对抗善意第三人。"

（5）商标出质权。

商标出质权是指商标注册人将其注册商标用来质押，从金融机构获得融资的权利。《民法典》第440条规定，依法可以转让的商标专用权可以用于质押。

第九章
专利法律制度

本章知识重点提示
➢ 专利的概念和内容
➢ 专利权的授予条件及其法律保护
➢ 不授予专利的情形

一、填空题

1. 工业产权分为_____、_____、_____等对产业有实用价值的创新成果的权利，以及标识商品来源的_____。
2. 外观设计是指对产品的整体或者局部的_____、_____或者_____以及_____与_____、_____的结合所作出的富有美感并适于工业应用的新设计。
3. 授予专利权的发明，应当具备_____、_____、_____三个条件。
4. 授予专利权的外观设计应满足_____、_____、_____三个条件。
5. 发明专利权的期限为_____年、实用新型专利权的期限为_____年、外观设计专利权的期限为_____年，均自申请日起计算。
6. 申请人自发明或者实用新型在外国第一次提出专利申请之日起_____个月内，在中国就相同主题提出专利申请的，可以享有优先权。
7. 对于外观设计专利产品，专利权人享有制造、许诺销售、销售和进口该专利产品的权利，但不包括_____。
8. 对国务院专利行政部门宣告专利权无效或者维持专利权的决定不服的，可以自收到通知之日起_____个月内向人民法院起诉。
9. 国务院专利行政部门收到发明专利申请后，经初步审查认为符合本法要求的，自申请日起满_____个月，即行公布。
10. 发明或者实用新型专利权的保护范围以其_____为准，_____及_____可以用于解释权利要求的内容。

二、单项选择题

1. 甲公司委托乙公司研发某产品，乙公司指定员工李某承担此项研发任务。后来，为了加快研发进度，甲公司又派员工周某参与研发。李某和周某共同在研发过程中完成了一项发明创造。在没有任何约定的情形下，该发明创造申请专利的权利属于（　　）。
   A. 李某和周某　　　B. 甲公司　　　C. 乙公司　　　D. 甲公司和乙公司

2. 专利权授予之后,专利的法律状态以( )记载的法律状态为准。
  A. 专利证书   B. 专利登记簿   C. 专利公告   D. 手续合格通知书
3. 下列各项中属于外观设计的保护客体的是( )。
  A. 蒙娜丽莎油画   B. 王者荣耀游戏界面
  C. 刻有文字的花瓶   D. 依山而建的别墅
4. 下列关于发明人的说法正确的是( )。
  A. 发明人是指对发明创造的实质性特点作出创造性贡献的人
  B. 请求书中发明人可以填写为"某课题组"
  C. 申请人提交文件后发现发明人姓名的文字有错误,将"王立"错写成"王丽",申请人应通过补正更正
  D. 发明人就其完成的任何发明创造均有权申请专利
5. 关于专利无效宣告程序,下列说法错误的是( )。
  A. 无效宣告程序是专利公告授权后的程序
  B. 无效宣告程序是依当事人请求而启动的程序
  C. 无效宣告程序中,专利权人可以修改专利说明书和附图
  D. 宣告专利权无效的决定,由国务院专利行政部门登记和公告

三、多项选择题

1. 甲向法院起诉乙侵犯了其发明专利权并请求获得赔偿,下列关于侵权赔偿数额的说法正确的是( )。
  A. 侵权赔偿的数额按照甲因被侵权所受到的实际损失确定,还应包括因研发该专利技术所投入的合理成本
  B. 侵权赔偿的数额可以按照乙因侵权所获得的利益计算
  C. 侵权赔偿数额应包括甲为制止侵权行为所支付的合理开支
  D. 侵权赔偿数额可以参照该专利许可使用费的倍数合理确定
2. 下列行为中属于假冒专利的行为的是( )。
  A. 专利权被宣告无效后继续在产品或者其包装上标注专利标识
  B. 专利权终止前依法在专利产品上标注专利标识,在专利权终止后许诺销售该产品
  C. 在产品说明书等材料中将未被授予专利权的技术称为专利技术
  D. 未经许可在产品包装上标注他人的专利号
3. 在未经专利权人同意的情况下,在专利权的有效期内,下列行为中侵犯了专利权的行为是( )。
  A. 甲公司从公开渠道获得了一份技术材料,但不知其已经获得发明专利权,甲自行应用该技术生产产品并销售
  B. 乙按照他人的外观设计专利制作了一套沙发以自用
  C. 丙实施了他人的实用新型专利技术方案,将产品以成本价卖给某公司
  D. 医院丁按照一件中药发明专利的技术方案配制汤药用以医治病人
4. 下列理由中不能作为宣告专利权无效的理由的是( )。
  A. 与他人在先取得的合法权利相冲突
  B. 权利要求之间缺乏单一性

C. 说明书公开不充分
D. 独立权利要求相对于最接近的现有技术的划界不正确

5. 下列关于优先权的说法正确的是（　　　）。

A. 要求外国优先权的发明专利申请，其在先申请只能是发明申请

B. 要求本国优先权的发明专利申请，其在先申请可以是发明专利申请，也可以是实用新型专利申请

C. 要求外国优先权的实用新型专利申请，其在先申请可以是发明专利申请，也可以是实用新型专利申请

D. 外观设计专利申请不能作为本国优先权的基础

6. 下列关于创造性的说法正确的是（　　　）。

A. 现有技术和抵触申请可以用来评价一项发明的创造性

B. 发明是否具备创造性，应当基于所属技术领域的技术人员的知识和能力进行评价

C. 如果发明取得了预料不到的技术效果，则该发明具备创造性

D. 如果独立权利要求具备创造性，则引用其的从属权利要求也具有创造性，反之亦然

7. 关于实用新型的保护客体，以下说法正确的是（　　　）。

A. 将若干一次性水杯摆放成有利于运动员拿取的楔形，这样的水杯造型产品属于实用新型保护客体

B. 含有无确定形状的水银或酒精的温度计，属于实用新型的保护客体

C. 一种带有棱柱形蜡烛的音乐开关，随着蜡烛的熔化变形而实现电路的转换，该开关属于实用新型的保护客体

D. 堆积成圆台状的建筑沙子属于实用新型的保护客体

8. 以下期限中以申请日起算的是（　　　）。

A. 发明专利申请的公布时间　　　B. 专利权的期限

C. 专利年度的计算　　　　　　　D. 提交实质审查请求书的期限

9. 下列人员中可以在中国申请专利的是（　　　）。

A. 在法国境内设有营业所的泰国人　　B. 在我国境内只设有代表处的英国公司

C. 在我国境内有经常居所的无国籍人　D. 营业所设在德国的企业

10. 以下说法中不符合我国《专利法》规定的是（　　　）。

A. 除《专利法》另有规定外，发明专利权人有权禁止他人为生产经营目的许诺销售其专利产品

B. 除《专利法》另有规定外，方法发明专利权人有权禁止他人为生产经营目的的制造与依照其专利方法直接获得的产品相同的产品

C. 除《专利法》另有规定外，实用新型专利权人有权禁止他人为生产经营目的许诺销售、销售、进口其专利产品

D. 除《专利法》另有规定外，外观设计专利权人有权禁止他人为生产经营目的制造、使用、销售其专利产品

四、名词解释

1. 知识产权
2. 委托发明

3. 专利权穷尽

五、简答题
1. 简述发明的特点。
2. 简述专利权、申请专利的权利和专利申请权的概念。
3. 简述职务发明制度。

六、论述题
试述专利权的强制许可。

参 考 答 案

一、填空题
1. 发明专利权　实用新型专利权　外观设计专利权　商标权
2. 形状　图案　其结合　色彩　形状　图案的结合
3. 新颖性　创造性　实用性
4. 新颖性　创造性　尊重既有权利
5. 20　10　15
6. 12
7. 使用权
8. 3
9. 18
10. 权利要求的内容　说明书　附图

二、单项选择题
1. D　2. B　3. C　4. A　5. C

三、多项选择题
1. BCD　2. ACD　3. ACD　4. BD　5. BCD　6. BC　7. BC　8. BC　9. ABCD
10. BD

四、名词解释
1. 知识产权：基于人类在文化或产业领域中所创造的知识成果中，对享有保护价值的成果依法赋予的权利，主要分为工业产权和著作权。
2. 委托发明：利用本单位的物质技术条件所完成的发明创造，单位与发明人或者设计人订有合同，对申请专利的权利和专利权的归属作出约定的，从其约定。
3. 专利权穷尽：专利权人自己或许可他人制造的专利产品被合法地投放市场后，任何人应当享有自由处置其购买的产品的权利。

五、简答题
1. 简述发明的特点。
答：发明的特点如下：

(1) 发明是一种创新。创新是与现有技术相比而言,有技术上的改进、进步或者突破,但并不意味着不能借鉴前人的技术成果。

(2) 发明是利用自然规律,且符合自然规律的技术方案。

(3) 发明是具有技术效果的技术方案。

2. 简述专利权、申请专利的权利和专利申请权的概念。

答:(1) 专利权是指发明创造被公告授予专利权之后,权利人享有的转让其专利权、许可实施权、制止他人侵犯专利权行为的权利。

(2) 申请专利的权利是指发明创造完成后到提出专利申请之前,权利人享有的决定对该发明创造是否申请专利以及如何申请专利的权利,是针对已经完成但尚未提出专利申请的发明创造,发明人所具有的权利。

(3) 专利申请权是指提交专利申请后,申请专利的人享有的决定是否继续进行申请程序、是否转让专利申请的权利。

3. 简述职务发明制度。

答:执行本单位的任务或者主要是利用本单位的物质技术条件所完成的发明创造为职务发明创造。

其中,执行本单位的任务所完成的职务发明创造,是指在本职工作中作出的发明创造;履行本单位交付的本职工作之外的任务所作出的发明创造;退休、调离原单位后或者劳动、人事关系终止后1年内作出的,与其在原单位承担的本职工作或者原单位分配的任务有关的发明创造;本单位包括临时工作单位;本单位的物质技术条件是指本单位的资金、设备、零部件、原材料或者不对外公开的技术资料等。

职务发明创造申请专利的权利属于该单位,申请被批准后,该单位为专利权人。该单位可以依法处置其职务发明创造申请专利的权利和专利权,促进相关发明创造的实施和运用。

六、论述题

试述专利权的强制许可制度。

答:专利权的强制许可是指在未经专利权人同意的情况下,根据法律的规定,政府依法授权他人支付许可费用而实施专利的法律制度。根据我国《专利法》的规定,专利权的强制许可包括如下情形。

(1) 一般强制许可。

根据《专利法》第53条第1款的规定,当专利权人自专利权被授予之日起满三年,且自提出专利申请之日起满四年,无正当理由未实施或者未充分实施其专利的,国务院专利行政部门根据具备实施条件的单位或者个人的申请,可以给予实施发明专利或者实用新型专利的强制许可。专利制度的目标,不仅要鼓励发明创造,而且要鼓励发明创造的商业化运用。因此,专利权的一般强制许可制度旨在促进专利权人实施或充分实施专利。

(2) 因构成垄断行为而给予的强制许可。

根据《专利法》第53条第2款的规定,当专利权人行使专利权的行为被依法认定为垄断行为,为消除或者减少该行为对竞争产生的不利影响的,国务院专利行政部门根据具备实施条件的单位或者个人的申请,可以给予实施发明专利或者实用新型专利的强制许可。对构成垄断行为的专利权实施强制许可,旨在消除或减少该行为对竞争产生的不利影响,使市场恢复公平竞争,使消费者获得更多质优价廉的商品或服务。根据《专利法》第57条的规定,强制许可涉及的发明创造为半导体技术的,就属于"专利权人行使专利权的行为被依法认定为垄断行为,为消除或者减少该行为对竞争产生的不利影响的"而采取的强制许可情形。

(3) 因国家紧急状态或非常情况或为了公共利益目的的特殊强制许可。

我国《专利法》第54条规定:"在国家出现紧急状态或者非常情况时,或者为了公共利益的目的,国务院专利行政部门可以给予实施发明专利或者实用新型专利的强制许可。"即,专利强制许可制度不仅旨在限制专利权人滥用专利权,而且要维护国家利益和公共利益。根据《专利法》第57条的规定,强制许可涉及的发明创造为半导体技术的,就属于公共利益的目的规定的情形。

(4) 因公共健康而引发的强制许可。

我国《专利法》第55条规定:"为了公共健康目的,对取得专利权的药品,国务院专利行政部门可以给予制造并将其出口到符合中华人民共和国参加的有关国际条约规定的国家或者地区的强制许可。"因公共健康而引发的强制许可,旨在落实世界贸易组织《关于TRIPs协定与公共健康的宣言》所确定的原则,在必要时帮助不具有制造专利药品能力或能力不足的国家或者地区解决其遇到的公共健康问题。

(5) 因从属专利实施而引发的强制许可。

根据我国《专利法》第56条的规定,一项取得专利权的发明或者实用新型比前已经取得专利权的发明或者实用新型具有显著经济意义的重大技术进步,其实施又有赖于前一发明或者实用新型的实施的,国务院专利行政部门根据后一专利权人的申请,可以给予实施前一发明或者实用新型的强制许可。

在依照前面规定给予实施强制许可的情形下,国务院专利行政部门根据前一专利权人的申请,也可以给予实施后一发明或者实用新型的强制许可。

第十章
广告法律制度

本章知识重点提示
- 广告法的适用范围
- 广告法的基本原则
- 广告准则的一般要求
- 广告准则规范的几类特殊广告的要求

一、填空题

1. 广告主、广告经营者、广告发布者从事广告活动,应当遵守法律、法规,_____,_____。
2. 广告主应当对_____的真实性负责。
3. 广告中涉及专利产品或者专利方法的,应当标明_____和_____。
4. 广告应当具有_____,能够使消费者辨明其为广告。
5. 药品广告的内容应当显著标明_____、_____。
6. 不得在_____、_____内开展广告活动。
7. 不得利用不满_____周岁的未成年人作为广告代言人。

二、单项选择题

1. 以下可以发布广告的是( )。
   A. 麻醉药品 B. 医疗用毒性药品
   C. 戒毒治疗的医疗器械 D. 感冒药品

2. ( )应当对广告内容的真实性负责。
   A. 广告主 B. 广告经营者 C. 广告发布者 D. 广告代言人

3. 保健食品广告应当显著标明( )。
   A. 表示功效、安全性的断言或者保证 B. 疾病预防、治疗功能
   C. 本品不能代替药物 D. 广告商品为保障健康所必需

4. 以下说法正确的是( )。
   A. 广告应当具有可识别性,能够使消费者辨明其为广告
   B. 广告使用数据、统计资料无须标明出处
   C. 医疗器械广告应说明有效率
   D. 酒类广告可以出现饮酒的动作

5. 违反法律规定,发布虚假广告的,由广告审查机关撤销广告审查批准文件、(　　)不受理其广告审查申请。
  A. 1年内　　　　　B. 2年内　　　　　C. 3年内　　　　　D. 5年内
6. 公共场所的管理者和电信业务经营者、互联网信息服务提供者明知或者应知广告活动违法不予制止的,由市场监督管理部门没收违法所得,违法所得5万元以上的,并处违法所得(　　)的罚款。
  A. 1倍以上5倍以下　　　　　　　　B. 1倍以上3倍以下
  C. 3倍以下　　　　　　　　　　　　D. 5倍以下
7. 处方药广告应当显著标明(　　)。
  A. 本广告仅供医学、药学专业人士阅读
  B. 请按药品说明书或者在药师指导下购买和使用
  C. 请仔细阅读产品说明书或者在医务人员的指导下购买和使用
  D. 禁忌内容或者注意事项详见说明书

三、多项选择题

1. 广告法的基本原则有(　　)。
  A. 真实性原则　　B. 合法性原则　　C. 精神文明原则　　D. 禁止虚假广告原则
2. 广告中对商品的性能、功能、产地、用途、质量、成分、价格、生产者、有效期限、允诺等有表示的,应当(　　)。
  A. 准确　　　　　B. 清楚　　　　　C. 明白　　　　　D. 简洁
3. 广告中表明推销的商品或者服务附带赠送的,应当明示所附带赠送商品或者服务的(　　)。
  A. 品种　　　　　B. 规格　　　　　C. 数量　　　　　D. 期限
  E. 方式
4. 广告不得使用(　　)。
  A. 中华人民共和国的国旗、国歌、国徽
  B. 中华人民共和国的军旗、军歌、军徽
  C. 国家机关、国家机关工作人员的名义或者形象
  D. 国家级、最高级、最佳等用语
5. 下列说法正确的是(　　)。
  A. 不得在中小学校、幼儿园内开展广告活动
  B. 不得利用中小学生和幼儿的教材、教辅材料、练习册等发布或者变相发布广告
  C. 不得利用中小学生和幼儿的文具、教具、校服等发布或者变相发布广告
  D. 可以利用中小学生和幼儿的校车发布广告
6. 应当在发布前由有关部门对广告内容进行审查的是(　　)。
  A. 医疗、药品广告　　　　　　　　B. 医疗器械广告
  C. 农药、兽药广告　　　　　　　　D. 保健食品广告
7. 广告经营者、广告发布者违反广告内容准则和行为规范的,由市场监督管理部门(　　)。
  A. 没收广告费用　　　　　　　　　B. 处罚款

C. 暂停广告发布业务　　　　　　　　D. 吊销营业执照

四、判断题

1. 农作物种子广告可以利用科研单位的名义作推荐、证明。（　）
2. 房地产广告中的房屋面积应当标明为建筑面积或者套内建筑面积。（　）
3. 教育、培训广告可以对升学、通过考试作出明示或者暗示的保证性承诺。（　）
4. 烟草广告可以在公共交通工具上发布。（　）
5. 药品广告的内容应当显著标明禁忌、不良反应。（　）
6. 戒毒治疗的药品和治疗方法，不得作广告。（　）

五、名词解释

1. 广告法
2. 广告主
3. 广告经营者
4. 广告发布者
5. 广告代言人

六、简答题

1. 简述广告准则的一般要求。
2. 简述广告准则的禁止性规定。
3. 简述广告经营的登记管理。

七、论述题

1. 试述广告法的基本原则。
2. 试述发布虚假广告的法律责任。

参考答案

一、填空题

1. 诚实信用　公平竞争
2. 广告内容
3. 专利号　专利种类
4. 可识别性
5. 禁忌　不良反应
6. 中小学校　幼儿园
7. 10

二、单项选择题

1. D　2. A　3. C　4. A　5. A　6. B　7. A

三、多项选择题

1. ABCD　2. ABC　3. ABCDE　4. ABCD　5. ABC　6. ABCD　7. ABCD

四、判断题

1. 错误 2. 正确 3. 错误 4. 错误 5. 正确 6. 正确

五、名词解释

1. 广告法：是指调整广告主、广告经营者、广告发布者及广告代言人与广告监督管理机关相互之间在广告活动中所发生的社会关系的法律规范的总称。

2. 广告主：是指为推销商品或者服务，自行或者委托他人设计、制作、发布广告的自然人、法人或者其他组织。

3. 广告经营者：是指接受委托提供广告设计、制作、代理服务的自然人、法人或者其他组织。

4. 广告发布者：是指为广告主或者广告主委托的广告经营者发布广告的自然人、法人或者其他组织。

5. 广告代言人：是指广告主以外的，在广告中以自己的名义或者形象对商品、服务作推荐、证明的自然人、法人或者其他组织。

六、简答题

1. 简述广告准则的一般要求。

答：（1）广告中对商品的性能、功能、产地、用途、质量、成分、价格、生产者、有效期限、允诺等或者对服务的内容、提供者、形式、质量、价格、允诺等有表示的，应当准确、清楚、明白。

（2）广告中表明推销的商品或者服务附带赠送的，应当明示所附带赠送商品或者服务的品种、规格、数量、期限和方式。

（3）广告使用数据、统计资料、调查结果、文摘、引用语等引证内容的，应当真实、准确，并表明出处。引证内容有适用范围和有效期限的，应当明确表示。

（4）广告中涉及专利产品或者专利方法的，应当标明专利号和专利种类。

（5）广告应当具有可识别性，能够使消费者辨明其为广告。

2. 简述广告准则的禁止性规定。

答：依照《广告法》第9条的规定，广告不得有下列情形：（1）使用或者变相使用中华人民共和国的国旗、国歌、国徽，军旗、军歌、军徽；（2）使用或者变相使用国家机关、国家机关工作人员的名义或者形象；（3）使用"国家级""最高级""最佳"等用语；（4）损害国家的尊严或者利益，泄露国家秘密；（5）妨碍社会安定，损害社会公共利益；（6）危害人身、财产安全，泄露个人隐私；（7）妨碍社会公共秩序或者违背社会良好风尚；（8）含有淫秽、色情、赌博、迷信、恐怖、暴力的内容；（9）含有民族、种族、宗教、性别歧视的内容；（10）妨碍环境、自然资源或者文化遗产保护；（11）法律、行政法规规定禁止的其他情形。

《广告法》第10条规定，广告不得损害未成年人和残疾人的身心健康；《广告法》第13条规定，广告不得贬低其他生产经营者的商品或者服务。

3. 简述广告经营的登记管理。

答：设立专门从事广告经营业务的法人或者其他经济组织，应当依照我国《公司法》以及其他有关企业的法律所规定的条件和程序，经市场监督管理部门核准登记领取《企业法人营业执照》或者《营业执照》后方可从事广告经营业务。兼营广告业务的法人或者其他经济组织，应当依法向市场监督管理机关申请办理广告经营业务登记，并领取《广告经营许可证》。

广播电台、电视台、报刊出版等事业单位的广告业务，应当由其专门从事广告业务的机构办理，并依法办理兼营广告的登记。

广告主委托设计、制作、发布广告，应当委托具有合法经营资格的广告经营者、广告发布者。

七、论述题

1. 试述广告法的基本原则。

答：广告法的基本原则是指反映广告法的本质和内容的指导思想，是制定、修改、解释、执行以及研究广告法的出发点。

（1）真实性原则。

真实性原则是指广告内容必须真实地传播有关商品或服务的客观情况，而不能虚假夸大地宣传。这是广告法最基本的原则，维护广告的真实性是广告管理最重要的内容之一。

（2）合法性原则。

合法性原则是指广告的内容、形式都必须在法律允许的范围内，不得违背社会秩序和公共利益的要求。

《广告法》规定，广告主、广告经营者、广告发布者从事广告活动，应当遵守法律、法规，诚实信用，公平竞争。

（3）精神文明原则。

精神文明原则是指广告必须符合社会主义思想道德建设和教育科学文化建设的要求。

《广告法》规定，广告应当真实、合法，以健康的表现形式表达广告内容，符合社会主义精神文明建设和弘扬中华民族优秀传统文化的要求。

（4）禁止虚假广告原则。

《广告法》规定，广告不得含有虚假或者引人误解的内容，不得欺骗、误导消费者。广告主应当对广告内容的真实性负责。

2. 试述发布虚假广告的法律责任。

答：违反法律规定，发布虚假广告的，由市场监督管理部门责令停止发布广告，责令广告主在相应范围内消除影响，处罚款，并可以吊销营业执照，并由广告审查机关撤销广告审查批准文件，一年内不受理其广告审查申请。医疗机构有上述违法行为，情节严重的，除由市场监督管理部门依照《广告法》处罚外，卫生行政部门可以吊销诊疗科目或者吊销医疗机构执业许可证。

广告经营者、广告发布者明知或者应知广告虚假仍设计、制作、代理、发布的，由市场监督管理部门没收广告费用，处罚款，并可以由有关部门暂停广告发布业务、吊销营业执照。

广告主、广告经营者、广告发布者有上述行为，构成犯罪的，依法追究刑事责任。

违反法律规定，发布虚假广告，欺骗、误导消费者，使购买商品或者接受服务的消费者的合法权益受到损害的，由广告主依法承担民事责任。广告经营者、广告发布者不能提供广告主的真实名称、地址和有效联系方式的，消费者可以要求广告经营者、广告发布者先行赔偿。

关系消费者生命健康的商品或者服务的虚假广告，造成消费者损害的，其广告经营者、广告发布者、广告代言人应当与广告主承担连带责任。其他虚假广告造成消费者损害的，其广告经营者、广告发布者、广告代言人，明知或者应知广告虚假仍设计、制作、代理、发布或者作推荐、证明的，应当与广告主承担连带责任。

第十一章
对外贸易法律制度

本章知识重点提示
➢ 对外贸易法的概念
➢《对外贸易法》的基本原则
➢ 货物、技术进出口的外贸管理制度
➢ 与对外贸易有关的知识产权保护
➢ 对外贸易救济措施

一、填空题

1. 对外贸易关系属于经济关系范围,包括_____的关系、_____的关系以及_____等三个调整对象。

2. 为了对进出口货物实施有效检测,我国采取以_____为主、_____为辅的许可证贸易制度。

3. 国家对限制进口或者出口的货物,实行_____、_____等方式管理;对限制进口或者出口的技术,实行_____管理。

4. 进出口货物合格评定制度是对于符合相应_____或_____的产品给予认证的制度。

5. 货物的原产地是商品的_____、_____、制造或产生_____的加工地。

6. 在对外贸易经营活动中,对外贸易经营者不得实施_____、_____、_____、_____等不正当竞争行为。

7. 对于外观设计专利产品,专利权人享有制造、许诺销售、销售和进口该专利产品的权利,但不包括_____。

8. 反倾销措施包括_____、_____和_____。

9. 同反倾销和反补贴措施行为不同,采取紧急保障措施的贸易行为是_____的贸易行为,因此,进口国家对采取保障措施的货物应进行_____。

10. 补贴是指出口国(地区)政府或者其任何公共机构提供的并为接受者带来利益的_____以及任何形式的_____或者_____。

二、单项选择题

1. 根据我国对外贸易法及其相关规定,以下关于补贴的相关说法中正确的是(　　)。
   A. 补贴不必具有专向性　　　　　　B. 补贴必须由政府直接提供

C. 接受者必须获得利益 D. 必须采取支付货币的形式

2. 《中华人民共和国对外贸易法》不适用于（　　）。
A. 货物进出口 B. 技术进出口
C. 国际服务贸易 D. 我国澳门地区的货物进出口

3. 对原产地国家或地区与中国订有关税互惠协议的进口货物,应按（　　）征税。
A. 普通税率 B. 优惠税率
C. 普惠制税率 D. 特惠税率

4. 根据我国对外贸易法及其相关规定,对外国产品在我国是否进行倾销调查和确定的机构是（　　）。
A. 海关总署 B. 国家税收委员会
C. 商务部 D. 农业部

5. 根据我国对外贸易法及其相关规定,紧急保障措施中的严重损害是（　　）。
A. 对销售同类产品的经销商的损害
B. 对销售同类产品或直接竞争产品的经销商的损害
C. 对生产同类产品或直接竞争产品的生产商的损害
D. 对生产同类产品或直接竞争产品的工人的损害

三、多项选择题

1. 我国对外贸易管理的基本措施是（　　）。
A. 进出口许可证制度 B. 保护关税制度
C. 外汇管理制度 D. 进出口商品品质检验和监管

2. 我国对外贸易法的规定,存在（　　）,并危害对外贸易公平竞争秩序的,国务院对外贸易主管部门可以采取必要的措施消除危害。
A. 知识产权权利人阻止被许可人对许可合同中的知识产权的有效性提出质疑
B. 知识产权权利人进行强制性一揽子许可
C. 知识产权权利人在许可合同中进行价格歧视
D. 知识产权权利人在许可合同中规定排他性返授条件

3. 国家基于（　　）原因之一,可以限制国际服务贸易。
A. 为维护国家安全或者社会公共利益
B. 违反我国承担的国际义务的
C. 为建立或者加快建立国内特定的服务行业
D. 为保障国家外汇收支平衡

4. 根据我国对外贸易法以及相关规定,下列补贴中属于具有专向性的补贴的是（　　）。
A. 由出口国政府明确确定的某些企业、产业获得的补贴
B. 由出口国法律、法规明确规定的某些企业、产业获得的补贴
C. 以出口实绩为条件获得的补贴,包括反补贴条例所附出口补贴清单列举的各项补贴
D. 以使用本国或本地区产品替代进口为条件获得的补贴

5. 根据我国对外贸易法及其相关规定,出口产品的正常价值的确定方法包括（　　）。
A. 以进口产品的同类产品,在出口国（地区）国内市场的正常贸易过程中的可比价格为其正常价值

B. 以进口产品的同类产品出口到一个适当第三国（地区）的可比价格为其正常价值

C. 以进口产品的同类产品在原产国（地区）的生产成本加合理费用、利润为正常价值

D. 以进口产品的同类产品在我国的生产成本加合理费用、利润为正常价值

6. 根据我国对外贸易法的规定，基于国内供应短缺或者为有效保护可能用竭的自然资源的原因，国家可以对货物贸易采取（　　　）。

A. 禁止进口　　　B. 禁止出口　　　C. 限制进口　　　D. 限制出口

7. 根据我国对外贸易法的规定，为了维护对外贸易秩序，国务院对外贸易主管部门可以自行或者会同国务院其他有关部门，依照法律、行政法规的规定，对（　　　）进行调查。

A. 货物进出口对国内产业及其竞争力的影响

B. 有关国家或者地区的贸易壁垒

C. 规避对外贸易救济措施的行为

D. 对外贸易中有关国家安全利益的事项

8. 根据《进出口货物原产地条例》规定，（　　　）是"完全在一个国家获得的货物"。

A. 在该国（地区）出生并饲养的活的动物

B. 在该国（地区）野外捕捉、捕捞、搜集的动物

C. 从该国（地区）的活的动物获得的未经加工的物品

D. 在该国（地区）收获的植物和植物产品

四、名词解释

1. 配额
2. 国际服务贸易
3. 补贴

五、简答题

1. 简述我国对外贸易法中限制或禁止货物、技术进出口的原因。
2. 简述我国对外贸易法中的三种紧急保障措施。
3. 简述我国的对外贸易促进机制。

六、论述题

试述对外贸易法的基本原则。

参考答案

一、填空题

1. 对外贸易经营者和国家之间　对外贸易经营者之间　国家的对外贸易管理
2. 自动进口许可　进出口许可证
3. 配额　许可证　许可证
4. 技术法规　标准
5. 产生地　生产地　实质改变
6. 以不正当的低价销售商品　串通投标　发布虚假广告　进行商业贿赂

7. 使用权

8. 临时措施　价格承诺　征收反倾销税

9. 正常　补偿

10. 财政资助　收入　价格支持

二、单项选择题

1. C　2. D　3. B　4. C　5. C

三、多项选择题

1. ABCD　2. ABD　3. ACD　4. ABCD　5. ABC　6. BD　7. ABCD　8. ABCD

四、名词解释

1. 配额：一国政府在一定时期内，对某些进出口商品的数量或者金额设定最高限额，在限额内的商品可以自由进出口，超过额度的不准进出口或者征收比较高的税额的制度。

2. 国际服务贸易：通过跨境交付、境外消费、商业存在（商法人或者商人）、自然人流动等形式跨越国境提供服务的国际贸易。

3. 补贴：出口国（地区）政府或者其任何公共机构提供的并为接受者带来利益的财政资助以及任何形式的收入或者价格支持。

五、简答题

1. 简述我国对外贸易法中限制或禁止货物、技术进出口的原因。

答：我国对外贸易法中限制或禁止货物、技术进出口的原因如下：

（1）为维护国家安全、社会公共利益或者公共道德，需要限制或禁止进口或者出口的；

（2）为保护人的健康或者安全，保护动物、植物的生命或健康，保护环境，需要限制或者禁止进口或者出口的；

（3）为实施与黄金或者白银进出口有关的措施，需要限制或者禁止进口或者出口的；

（4）国内供应短缺或者为有效保护可能用竭的自然资源，需要限制或者禁止出口的；

（5）输往国家或者地区的市场容量有限，需要限制出口的；

（6）出口经营秩序出现严重混乱，需要限制出口的；

（7）为建立或者加快建立国内特定产业，需要限制进口的；

（8）对任何形式的农业、牧业、渔业产品有必要限制进口的；

（9）为保障国家国际金融地位和国际收支平衡，需要限制进口的；

（10）依照法律、行政法规的规定，其他需要限制或者禁止进口或者出口的；

（11）根据我国缔结或者参加的国际条约、协定的规定，其他需要限制或禁止进口或者出口的。

此外，国家对与裂变、聚变物质或者衍生此类物质的物质有关的货物、技术进出口，以及与武器、弹药或者其他军用物资有关的进出口，可以采取任何必要的措施，维护国家安全。在战时或者为维护国际和平与安全，国家在货物、技术进出口方面可以采取任何必要的措施。

2. 简述我国对外贸易法中的三种紧急保障措施。

答：我国对外贸易法中的三种紧急保障措施如下：

(1) 因进口产品数量大量增加,对生产同类产品或者与其直接竞争的产品的国内产业造成严重损害或者严重损害威胁的,国家可以采取必要的保障措施,消除或者减轻这种损害或者损害的威胁,并可以对该产业提供必要的支持。

(2) 因其他国家或者地区的服务提供者向我国提供的服务增加,对提供同类服务或者与其直接竞争的服务的国内产业造成损害或者产生损害威胁的,国家可以采取必要的救济措施,消除或者减轻这种损害或者损害的威胁。

(3) 因第三国限制进口而导致某种产品进入我国市场的数量大量增加,对已建立的国内产业造成损害或者产生损害威胁,或者对建立国内产业造成阻碍的,国家可以采取必要的救济措施,限制该产品进口。

3. 简述我国的对外贸易促进机制。

答：我国的对外贸易促进机制如下：

（1）设立对外贸易发展基金等。

国家根据对外贸易发展的需要,建立和完善为对外贸易服务的金融机构,设立对外贸易发展基金、风险基金。

（2）进出口信贷、出口信用保险。

国家通过进出口信贷、出口信用保险、出口退税及其他促进对外贸易的方式,发展对外贸易。

（3）对外贸易公共信息服务系统。

国家建立对外贸易公共信息服务体系,向对外贸易经营者和其他社会公众提供信息服务。

（4）鼓励发展对外贸易形式

国家采取措施鼓励对外贸易经营者开拓国际市场,采取对外投资、对外工程承包和对外劳务合作等多种形式,发展对外贸易。此外,国家扶持和促进中小企业开展对外贸易,并扶持和促进民族自治地方和经济不发达地区发展对外贸易。

六、论述题

试述对外贸易法的基本原则。

答：对外贸易法的基本原则如下：

（1）实施对外开放,促进社会主义市场经济健康发展原则。

"扩大对外开放,发展对外贸易"是我国持续改革和开放方针的具体阐述,其要通过"维护对外贸易秩序,保护对外贸易经营者的合法权益"来实现"促进社会主义市场经济的健康发展"的总体社会发展目标。

（2）统筹适用货物、技术、服务以及对外贸易有关知识产权保护原则。

对外贸易法适用于对外贸易以及与对外贸易有关的知识产权保护。其中,对外贸易是指货物进出口、技术进出口和国际服务贸易。"与对外贸易有关的知识产权保护"是修改后的《对外贸易法》的新增内容,不仅体现了我国在加入世贸组织后对知识产权问题的重视,而且同世界贸易组织的调整范围保持了一致。

（3）实行统一的对外贸易制度原则。

国家实行统一的对外贸易制度,鼓励发展对外贸易,维护公平、自由的对外贸易秩序。实行统一的对外贸易制度是指国家在对外贸易领域实行统一管理,统一制定对外贸易方针、政策、法律。国家的各种外贸管制手段、管制措施具有普遍的重要保障。

(4) 维护公平自由的对外贸易秩序原则。

这一原则是统一原则的具体体现,它要求保证对外贸易经营者在依照法律规定的前提下,有权平等地取得对外贸易经营权以及相关权利,平等地享受国家有关对外贸易的各项鼓励与优惠措施,保障对外贸易经营者的自主经营权、货物与技术的自由进出口权等。同时也要求对外贸易经营者自觉遵守国家法律、法规,依法经营,公平竞争,诚实守信,建立一个公平、自由的对外贸易秩序。

(5) 根据平等互利的原则发展多边和双边贸易关系。

《对外贸易法》规定,中华人民共和国根据平等互利的原则,促进和发展同其他国家和地区的贸易关系,缔结或者参加关税同盟协定、自由贸易区协定等区域经济贸易协定,参加区域经济组织。平等互利原则是国际交往的基本原则,要求法律上平等、经济上互利。根据这一原则,对外贸易关系的当事人不论是自然人、法人还是国家,法律地位一律平等;在贸易交往过程中遵循贸易惯例,保证双方公平地获得经济利益。

(6) 互惠对等原则。

《对外贸易法》规定,中华人民共和国在对外贸易方面根据所缔结或者参加的国际条约、协定,给予其他缔约方、参加方最惠国待遇、国民待遇等待遇,或者根据互惠、对等原则给予对方最惠国待遇、国民待遇等待遇。在国际贸易中,互惠是指两国相互给予对方以贸易上的优惠待遇。对等是指贸易双方相互之间给予同等的待遇。任何国家或者地区在贸易方面对中华人民共和国采取歧视性的禁止、限制或者其他类似措施的,中华人民共和国可以根据实际情况对该国家或者该地区采取相应的措施。

第四编

宏观调控法律制度

第一章
税收法律制度

本章知识重点提示
- 税收的概念和税法的构成要素
- 我国现行的几个税种和计税方法
- 我国的税收管理制度

一、填空题

1. 税收是国家为了实现其职能,凭借_____参与社会产品和国民收入分配,按照法定的标准和程序,无偿地、强制地取得_____的分配关系。
2. _____是课税对象的具体项目。
3. _____是纳税额与征税对象之间的比例,是计算税额的尺度。
4. 增值税的征税对象是生产经营者_____、_____和_____的增值额。
5. 纳税人出口货物,税率为_____;但是,国务院另有规定的除外。
6. 消费税是对特定的_____和_____征收的一种流转税。
7. 消费税采用_____税率和_____税率两种形式,以适应不同应税消费品的实际情况。
8. 关税的征税对象是_____的货物和物品。
9. 国家需要重点扶持的高新技术企业,减按_____的税率征收企业所得税。
10. 在中国境内有住所,或者无住所而一个纳税年度内在中国境内居住累计满_____天的个人,为居民个人。
11. 个人所得税的纳税年度,自公历_____起至_____止。
12. 个人所得税的征税对象是个人取得的_____。
13. 个人综合所得,适用_____至_____的超额累进税率。
14. 非居民个人的工资、薪金所得,以每月收入额减除费用_____元后的余额为应纳税所得额;劳务报酬所得、稿酬所得、特许权使用费所得,以_____为应纳税所得额。
15. 房产税的计税依据是房产的_____或房产的_____。
16. 在中华人民共和国境内转移_____、_____权属,承受的单位和个人为契税的纳税人。
17. 印花税的征税对象包括_____和_____。
18. 资源税按照《税目税率表》实行_____或者_____。

19. 凡依法由_____征收的各种税收的征收管理，均适用《税收征收管理法》。

20. 因纳税人、扣缴义务人计算错误等失误，未缴或者少缴税款的，税务机关在_____年内可以追征税款、滞纳金。

二、单项选择题

1. 我国税法规定的纳税主体是（　　）。
  A. 税款代缴人　　　　　　　　　B. 直接负有纳税义务的人
  C. 税款代扣人　　　　　　　　　D. 间接负有纳税义务的人

2. 我国增值税法规定对出口产品实行（　　）。
  A. 17%税率　　B. 13%税率　　C. 4%税率　　D. 零税率

3. 区别不同税种的主要标志是（　　）。
  A. 纳税主体　　B. 征税对象　　C. 平均税率　　D. 累进税率

4. 下列不属于我国现行税率的是（　　）。
  A. 比例税率　　B. 固定税率　　C. 平均税率　　D. 累进税率

5. 我国税收征管工作的主管部门是（　　）。
  A. 国家税务总局　　B. 地税局　　C. 国务院　　D. 财政部

6. 按照基本税率，纳税人销售货物的增值税税率为（　　）。
  A. 6%　　B. 9%　　C. 13%　　D. 17%

7. 根据《消费税暂行条例》的规定，进口的应税消费品（　　）。
  A. 不纳税　　　　　　　　　　　B. 销售时纳税
  C. 移送使用时纳税　　　　　　　D. 报关进口时纳税

8. 个人的工资薪金所得，适用（　　）的超额累进税率。
  A. 5%—20%　　B. 5%—35%　　C. 3%—45%　　D. 10%—45%

9. 个体工商户的生产经营所得，适用（　　）的超额累进税率。
  A. 5%—20%　　B. 5%—35%　　C. 5%—45%　　D. 10%—45%

10. 企业应自领取营业执照之日起（　　）内，持有关证件向税务机关申报办理税务登记。
  A. 15日　　B. 30日　　C. 45日　　D. 60日

11. 纳税人超过应纳税额缴纳的税款，纳税人自结算缴纳之日起（　　）内发现的，可以向税务机关要求退还。
  A. 1年　　B. 2年　　C. 3年　　D. 4年

12. 下列税收法律中，属于税收程序法的是（　　）。
  A.《中华人民共和国个人所得税法》　　B.《中华人民共和国资源税法》
  C.《中华人民共和国税收征收管理法》　　D.《中华人民共和国增值税暂行条例》

13. 某个体工商户全年生产、经营收入为20万元，减去成本、费用及损失10万元，根据我国的有关法律，其余数额应缴纳（　　）。
  A. 企业所得税　　B. 消费税　　C. 契税　　D. 个人所得税

14. 纳税人因纳税问题与税务机关发生争议时，应当向（　　）提出税务行政复议。
  A. 当地政府　　　　　　　　　　B. 当地人民法院
  C. 上一级税务机关　　　　　　　D. 原税务机关

15. 若一纳税人的主要业务是提供修理修配劳务，按规定应征收（　　）。

A. 所得税　　　B. 增值税　　　C. 消费税　　　D. 人头税

16. 根据我国法律规定,个人的工资、薪金所得适用的税率形式是( )。
   A. 比例税率　　　　　　　　　B. 超额累进税率
   C. 定额税率　　　　　　　　　D. 超率累进税率

17. 根据我国法律的规定,可以免收个人所得税的是( )。
   A. 年终的加薪　　　　　　　　B. 出售个人绘画所得收入
   C. 个人保险所获赔付　　　　　D. 储蓄存款利息

18. 纳税人在省会城市没有自有住房而发生的住房租金支出,可以按照( )标准定额扣除。
   A. 1 500元/月　　B. 1 100元/月　　C. 1 000元/月　　D. 800元/月

三、多项选择题

1. 我国现行税率有( )。
   A. 比例税率　　　B. 累进税率　　　C. 等值累进税率　　　D. 变量累进税率

2. 我国现行税制中,属于目的税的有( )。
   A. 社会保障税　　B. 土地使用税　　C. 车船使用税　　D. 城市维护建设税
   E. 耕地占用税

3. 下列税种中,属于行为税的有( )。
   A. 建筑税　　　B. 印花税　　　C. 奖金税　　　D. 车船使用税
   E. 筵席税

4. 税法的基本结构包括( )。
   A. 征税对象和税目　　　　　　B. 纳税义务人
   C. 纳税环节和纳税期限　　　　D. 附加和加成
   E. 法律责任

5. 根据《增值税暂行条例》的规定,凡在中华人民共和国境内( )的单位和个人,都是增值税的纳税义务人。
   A. 销售货物　　　　　　　　　B. 进口货物
   C. 提供加工劳动　　　　　　　D. 生产进出口货物
   E. 提供修理修配劳务

6. 根据中性和简便原则,增值税率尽量简化,设( )三档。
   A. 基本税率　　B. 比例税率　　C. 低税率　　D. 累进税率
   E. 零税率

7. 企业所得税的纳税义务人是指我国境内的所有( )以及有生产、经营所得和其他所得的其他组织。
   A. 国有企业　　B. 集体企业　　C. 私营企业　　D. 联营企业
   E. 股份制企业

8. 企业所得税的纳税人应纳税年度的收入总额包括( )。
   A. 生产经营收入　　　　　　　B. 财产转让收入
   C. 利息、租赁、股息收入　　　D. 特许权使用收入
   E. 其他收入

9. 企业所得税中,准予扣除的项目包括( )。
   A. 购买固定资产的支出　　　　　　B. 与取得收入有关的成本
   C. 费用和损失　　　　　　　　　　D. 买无形资产的支出
   E. 用于职工福利的支出
10. 个人所得税的征税范围包括( )。
    A. 工资、薪金所得　　　　　　　　B. 保险赔款
    C. 储蓄存款利息　　　　　　　　　D. 财产转让所得
    E. 稿酬所得
11. 根据我国《个人所得税法》的规定,下列各项个人所得中免纳个人所得税的有( )。
    A. 纳税人所在企业颁发的奖金　　　B. 利息、股息
    C. 军人的转业费、复员费　　　　　D. 福利费、抚恤金、救济金
    E. 按照国家统一规定发给的补贴、津贴
12. 目前消费税的征税范围中,( )采用复合计算方法。
    A. 卷烟　　　　B. 白酒　　　　C. 实木地板　　　　D. 小汽车
    E. 成品油
13. ( )是关税的纳税义务人。
    A. 进口货物的收货人　　　　　　　B. 出口货物的发货人
    C. 进境物品的所有人　　　　　　　D. 出境物品的所有人
14. 进口关税设置( )等税率。
    A. 最惠国税率　　B. 协定税率　　C. 特惠税率　　D. 普通税率
    E. 关税配额税率
15. 资源税的应税资源的具体范围包括( )等。
    A. 能源矿产　　B. 金属矿产　　C. 非金属矿产　　D. 水汽矿产
    E. 盐

四、判断题

1. 在中华人民共和国境内提供劳务缴纳增值税,转让无形资产或者销售不动产不缴纳增值税。( )
2. 军人的转业费、复员费免交个人所得税。( )
3. 居民个人取得综合所得,按月计算个人所得税。( )
4. 房屋产权属于国家所有的,不缴纳房产税。( )
5. 契税的征税对象是我国境内所转移的土地和房屋权属。( )
6. 我国印花税采用定额税率。( )
7. 资源税实行从价计征。( )
8. 我国各种税收的征收管理,均适用《税收征收管理法》。( )
9. 税收是国家按照法律预先规定的范围、标准和环节征收的。( )
10. 每一种税种都必须明确规定征税的对象。( )

五、名词解释

1. 税率

2. 增值税
3. 消费税
4. 关税
5. 企业所得税
6. 个人所得税

六、简答题

1. 简述免征契税的情形。
2. 简述税收的特征。
3. 简述进口应税消费品的计算方法。
4. 简述印花税的计税依据。

七、论述题

1. 试述个人所得税的专项附加扣除。
2. 试述税法的构成要素。

八、案例分析题

案例1 某生产企业为增值税一般纳税人，其生产的货物适用13%的增值税税率，2019年8月，该企业的有关生产经营业务如下：

(1) 销售甲产品给某大商场，开具了增值税专用发票，取得不含税销售额为80万元；同时取得销售甲产品的送货运输费收入为5.65万元(含增值税价格，与销售货物不能分别核算)。

(2) 销售乙产品，开具了增值税普通发票，取得含税销售额为22.6万元。

(3) 将自产的一批应税新产品用于本企业集体福利项目，成本价为20万元，该新产品无同类产品市场销售价格，国家税务总局确定该产品的成本利润率为10%。

(4) 销售2016年10月购进的作为固定资产使用过的进口摩托车5辆，开具增值税专用发票，上面注明每辆摩托车不含税销售额为1万元。

(5) 购进货物取得增值税专用发票，上面注明的货款金额为60万元、税额为7.8万元；另外支付购货的运输费为6万元，取得运输公司开具的增值税专用发票，上面注明的税额为0.54万元。

(6) 从农产品经营者(小规模纳税人)购进农产品一批(不适用进项税额核定扣除办法)作为生产货物的原材料，取得的增值税专用发票上注明的不含税金额为30万元，税额为0.9万元，同时支付给运输单位的运费为5万元(不含增值税)，取得运输部门开具的增值税专用发票，上面注明的税额为0.45万元。本月下旬将购进的农产品的20%用于本企业职工福利。

(7) 当月租入商用楼房一层，取得对方开具的增值税专用发票上注明的税额为5.22万元。该楼房的1/3用于工会的集体福利项目，其余为企业管理部门使用。

以上相关票据均符合税法的规定。请按下列顺序计算该企业8月应缴纳的增值税税额。

(1) 计算销售甲产品的销项税额。
(2) 计算销售乙产品的销项税额。
(3) 计算自产自用新产品的销项税额。

(4) 计算销售使用过的摩托车应纳税额。
(5) 计算当月允许抵扣进项税额的合计数。
(6) 计算该企业 8 月合计应缴纳的增值税税额。

案例2 假定某居民个人纳税人为独生子女,2019 年交完社保和住房公积金后共取得税前工资收入 20 万元,劳务报酬 10 000 元,稿酬 10 000 元。该纳税人有两个小孩且均由其扣除子女教育专项附加,纳税人的父母健在且均已年满 60 岁。计算其当年应纳个人所得税税额。

案例3 某化妆品公司将一批自产的高档化妆品用作职工福利,该批高档化妆品的成本为 8 万元,无同类产品市场销售价格,但已知其成本利润率为 5%,消费税税率为 15%。计算该批高档化妆品应缴纳的消费税税额。

案例4 某工业企业为居民企业,2020 年度发生经营业务如下:全年取得产品销售收入 5 600 万元,发生产品销售成本 4 000 万元;其他业务收入 800 万元,其他业务成本 694 万元;取得购买国债的利息收入 40 万元;缴纳非增值税销售税金及附加 300 万元;发生的管理费用 760 万元,其中,新技术的研究开发费用 60 万元,业务招待费用 70 万元;发生财务费用 200 万元;取得直接投资其他居民企业的权益性收益 34 万元,已在投资方所在地按 15% 的税率缴纳了企业所得税;取得营业外收入 100 万元,发生营业外支出 150 万元,其中含公益捐赠 38 万元。

请计算该企业 2020 年应缴纳的企业所得税。

参 考 答 案

一、填空题

1. 政治权力 财政收入
2. 税目
3. 税率
4. 销售货物 提供应税劳务 进口货物
5. 零
6. 消费品 消费行为
7. 比例 定额
8. 进出国境或关境
9. 15%
10. 183
11. 1 月 1 日 12 月 31 日
12. 应税所得
13. 3% 45%
14. 5 000 每次收入额
15. 计税余值 租金收入
16. 土地 房屋

17. 应税凭证　证券交易

18. 从价计征　从量计征

19. 税务机关

20. 3

二、单项选择题

1. B　2. D　3. B　4. C　5. A　6. C　7. D　8. C　9. B　10. B　11. C　12. C　13. D　14. C　15. B　16. B　17. C　18. A

三、多选题

1. AB　2. DE　3. BDE　4. ABCE　5. ABCE　6. ACE　7. ABCDE　8. ABCDE　9. BC　10. ACDE　11. CDE　12. AB　13. ABC　14. ABCDE　15. ABCDE

四、判断题

1. 错误　2. 正确　3. 错误　4. 正确　5. 正确　6. 错误　7. 错误　8. 错误　9. 正确　10. 正确

五、名词解释

1. 税率：是指纳税额与征税对象之间的比例，它是计算税额的尺度，是税法结构中的核心部分。

2. 增值税：是指以商品生产流通和劳务服务各个环节的增值额为征税对象的一种流转税。

3. 消费税：是指对特定的消费品和消费行为征收的一种流转税。

4. 关税：是指国家对进出国境（或关境）的货物和物品征收的一种税。

5. 企业所得税：是指企业就其生产、经营的纯收益、所得额和其他所得征收的一种税。

6. 个人所得税：是指以个人（自然人）取得的各项应税所得征收的一种税。

六、简答题

1. 简述免征契税的情形。

答：免征契税的情形如下：

（1）国家机关、事业单位、社会团体、军事单位承受土地、房屋权属用于办公、教学、医疗、科研、军事设施；

（2）非营利性的学校、医疗机构、社会福利机构承受土地、房屋权属用于办公、教学、医疗、科研、养老、救助；

（3）承受荒山、荒地、荒滩土地使用权用于农、林、牧、渔业生产；

（4）婚姻关系存续期间夫妻之间变更土地、房屋权属；

（5）法定继承人通过继承承受土地、房屋权属；

（6）依照法律规定应当予以免税的外国驻华使馆、领事馆和国际组织驻华代表机构承受土地、房屋权属。

2. 简述税收的特征。

答：与国家取得财政收入的其他方式相比，税收具有以下明显特征：

（1）强制性。税收是国家凭借政治权力开征的，国家运用法律手段公布征税标准，并运用行政手段和司法手段来保证征税任务的完成,每个公民、企业、经济组织等都有依法纳税的义务。对拒不纳税或偷税、逃税者,国家有权强制征收,并有权给予法律制裁。

(2) 无偿性。从征税的过程来说,国家并不向纳税人支付对价就取得纳税人的税款,并不存在对纳税人的偿还问题。如果从财政活动的宏观整体来看,税收是政府提供公共物品和服务的基础,即所谓的"取之于民,用之于民"。

(3) 固定性。税收是国家按照法律预先规定的范围、标准和环节征收的,税法的规定具有稳定性。纳税人取得了应当纳税的收入或发生了应纳税的行为,就必须按预先规定的标准如数缴纳,而不能改变标准。

3. 简述进口应税消费品的计算方法。

答:进口应税消费品的计算方法如下:

进口的应税消费品,按照组成计税价格计算纳税。

(1) 实行从价定率办法计算纳税的组成计税价格计算公式:

组成计税价格=(关税完税价格+关税)÷(1-消费税比例税率)

应纳税额=组成计税价格×比例税率

(2) 实行复合计税办法计算纳税的组成计税价格计算公式:

组成计税价格=(关税完税价格+关税+进口数量×消费税定额税率)
÷(1-消费税比例税率)

应纳税额=组成计税价格×比例税率+进口数量×定额税率

4. 简述印花税的计税依据。

答:根据《印花税法》的规定,印花税的计税依据如下:

(1) 应税合同的计税依据,为合同所列的金额,不包括列明的增值税税款。

(2) 应税产权转移书据的计税依据,为产权转移书据所列的金额,不包括列明的增值税税款;应税合同、产权转移书据未列明金额的,印花税的计税依据按照实际结算的金额确定。

(3) 应税营业账簿的计税依据,为账簿记载的实收资本(股本)、资本公积合计金额。

(4) 证券交易的计税依据,为成交金额。证券交易无转让价格的,按照办理过户登记手续时该证券前一个交易日收盘价计算确定计税依据;无收盘价的,按照证券面值计算确定计税依据。

七、论述题

1. 试述个人所得税的专项附加扣除。

答:个人所得税的专项附加扣除如下:

(1) 纳税人的子女接受全日制学历教育的相关支出,按照每个子女每月1 000元的标准定额扣除。

(2) 纳税人在中国境内接受学历(学位)继续教育的支出,在学历(学位)教育期间按照每月400元定额扣除。同一学历(学位)继续教育的扣除期限不能超过48个月。纳税人接受技能人员职业资格继续教育、专业技术人员职业资格继续教育的支出,在取得相关证书的当年,按照3 600元定额扣除。

（3）在一个纳税年度内，纳税人发生的与基本医保相关的医药费用支出，扣除医保报销后个人负担（指医保目录范围内的自付部分）累计超过15 000元的部分，由纳税人在办理年度汇算清缴时，在80 000元限额内据实扣除。

（4）纳税人本人或者配偶单独或者共同使用商业银行或者住房公积金个人住房贷款为本人或者其配偶购买中国境内住房，发生的首套住房贷款利息支出，在实际发生贷款利息的年度，按照每月1 000元的标准定额扣除，扣除期限最长不超过240个月。纳税人只能享受一次首套住房贷款的利息扣除。

（5）纳税人在主要工作城市没有自有住房而发生的住房租金支出，可以按照以下标准定额扣除：直辖市、省会（首府）城市、计划单列市以及国务院确定的其他城市，扣除标准为每月1 500元；除第一项所列城市以外，市辖区户籍人口超过100万的城市，扣除标准为每月1 100元；市辖区户籍人口不超过100万的城市，扣除标准为每月800元。

（6）纳税人赡养一位及以上被赡养人的赡养支出，统一按照以下标准定额扣除：纳税人为独生子女的，按照每月2 000元的标准定额扣除；纳税人为非独生子女的，由其与兄弟姐妹分摊每月2 000元的扣除额度，每人分摊的额度不能超过每月1 000元。

（7）纳税人照护3岁以下婴幼儿子女的相关支出，按照每个婴幼儿每月1 000元的标准定额扣除。父母可以选择由其中一方按扣除标准的100%扣除，也可以选择由双方分别按扣除标准的50%扣除，具体扣除方式在一个纳税年度内不能变更。

2. 试述税法的构成要素。

答：税法的构成要素一般包括：

（1）纳税人：纳税人是纳税义务人的简称，是税法规定的直接负有纳税义务的自然人和法人，法律术语称为课税主体。纳税人是税收制度构成的最基本要素之一，任何税种均有纳税人。

（2）征税对象：征税对象又称课税对象，是税法规定的征税的目的物，即对什么征税。每一种税种都必须明确规定征税的对象，征税对象关系着各种税法的基本界限，是征税的直接依据和税法最基本的要素。

（3）税目：税目是课税对象的具体项目。税目是征税对象的具体化，它是一个税种在税法中具体规定应当纳税的项目，反映了具体的征税范围。

（4）税率：税率是纳税额与征税对象之间的比例，是计算税额的尺度，是税法结构中的核心部分。我国现行的税率主要有比例税率、定额税率、超额累进税率和超率累进税率。

（5）纳税环节：是指商品流转过程中应当缴纳税款的环节，即在对商品流转额的征税中应征几道税的问题。

（6）纳税期限：纳税期限是指负有纳税义务的纳税人向国家缴纳税款的期限。纳税期限可以分为两种：一是按期纳税，二是按次纳税。

（7）纳税地点：纳税地点主要是指根据各个税种纳税对象的纳税环节和有利于对税款的源泉控制而规定的纳税人的具体申报缴纳税收的地点。

（8）减免税：减税是对应纳税额少征一部分税款；免税是对应纳税额全部免征。减免税可分为固定减免税、定期减免税和临时减免税三种。

（9）法律责任：法律责任是对有违反税法行为的纳税人采取的惩罚措施，包括加收滞纳金、处以罚款、追究刑事责任等。

八、案例分析题

案例1 答:(1)销售甲产品的销项税额=80×13%+5.65÷(1+13%)×13%=11.05(万元)

(2)销售乙产品的销项税额=22.6÷(1+13%)×13%=2.60(万元)

(3)自产自用新产品的销项税额=20×(1+10%)×13%=2.86(万元)

(4)销售使用过的摩托车应纳税额=1×13%×5=0.65(万元)

(5)合计允许抵扣的进项税额=7.8+0.54+(30×10%+0.45)×(1-20%)+5.22=16.32(万元)

(6)该企业8月应缴纳的增值税税额=11.05+2.60+2.86+0.65-16.32=0.84(万元)

案例2 答:(1)全年应纳税所得额=200 000+10 000×(1-20%)+10 000×70%×(1-20%)-60 000-12 000×2-24 000=105 600(元)

(2)应纳个人所得税税额=105 600×10%-2 520=8 040(元)

案例3 答:(1)组成计税价格=成本×(1+成本利润率)÷(1-消费税税率)=80 000×(1+5%)÷(1-15%)=98 823.53(元)

(2)应纳消费税税额=组成计税价格×税率=98 823.53×15%=14 823.53(元)

案例4 答:(1)利润总额=5 600+800+40+34+100-4 000-694-300-760-200-250=370(万元)

(2)国债利息收入免征企业所得税,应调减所得额40万元

(3)技术开发费调减所得额=60×75%=45(万元)

(4)按实际发生业务招待费的60%计算=70×60%=42(万元)

按销售收入的5‰计算=(5 600+800)×5‰=32(万元)

按规定,税前扣除限额应为32万元,实际应调增应纳税所得=70-32=38(万元)

(5)取得直接投资其他居民企业的权益性收益属于免税收入,应调减应纳税所得额34万元

(6)捐赠扣除标准=370×12%=44.4(万元)

实际捐赠额38万元,小于扣除标准,可按实捐数扣除,不作纳税调整。

(7)应纳税所得额=370-40-45+38-34=289(万元)

(8)该企业2020年应缴纳企业所得税=289×25%=72.25(万元)

第二章
会计法律制度

本章知识重点提示
- 会计法的概念、会计法的准则和适用范围
- 会计核算和会计监督
- 会计人员和会计机构等

一、填空题

1. 会计机构、会计人员依照法律规定进行_____，实行_____。
2. 国家实行_____的会计制度。
3. 会计核算以_____为记账本位币。
4. _____对本单位的会计工作和会计资料的真实性、完整性负责。
5. 出纳人员_____兼任稽核、会计档案保管和收入、支出、费用、债权债务账目的登记工作。
6. 财政部门有权对会计师事务所出具审计报告的_____和_____进行监督。
7. 政府监督主要指_____代表国家对各单位和单位相关人员的会计行为实施的监督检查。
8. 会计机构必须按照_____的规定对原始凭证进行审核。
9. 任何单位和个人不得_____、_____会计凭证、会计账簿及其他会计资料。
10. 会计年度自公历_____起至_____止。

二、单项选择题

1. 会计师事务所违反注册会计师法规定，给委托人、其他利害关系人造成损失的，(　　)。
   A. 会计师事务所就全部债务与债务人承担连带赔偿责任
   B. 会计师事务所就全部债务承担补充赔偿责任
   C. 会计师事务所在其证明金额的范围内与受债务人承担连带赔偿责任
   D. 会计师事务所在其证明金额的范围内承担补充的赔偿责任

2. 我国《会计法》的适用范围是设立在中华人民共和国境内的(　　)。
   A. 所有企业　　　　　　　　　　B. 国有企业
   C. 私营企业　　　　　　　　　　D. 外商投资企业

3. 根据我国《会计法》的规定，国家统一制定会计制度的部门是(　　)。
   A. 国务院　　　　　　　　　　　B. 国务院业务主管部门

C. 国务院财政部门 D. 省级人民政府财政部门

4. 单位内部会计监督的主体是（　　）。
A. 财政、审计、税务机关 B. 注册会计师及会计师事务所
C. 本单位的会计机构和会计人员 D. 本单位的内部审计机构和人员

5. 就其职务而言，总会计师属于（　　）。
A. 单位行政领导人员 B. 会计机构负责人
C. 会计主管人员 D. 会计专业技术人员

6. 会计年度的起始时间为（　　）。
A. 公历1月1日 B. 公历2月1日
C. 公历3月1日 D. 公历4月1日

7. 原始凭证金额有错误的，应当（　　）。
A. 由出具单位重开或者更正
B. 由出具单位重开，不得在原始凭证上更正
C. 由出具单位更正，更正处应当加盖出具单位印章
D. 要求按照国家统一的会计制度的规定更正、补充

三、多项选择题

1. 根据《会计法》的规定，会计的基本工作任务是（　　）。
A. 会计核算 B. 会计监督
C. 会计审查 D. 制作会计报表

2. 会计的基本原则包括（　　）。
A. 合法性原则 B. 独立性原则
C. 统一性原则 D. 单位负责人负责原则
E. 统一领导、分级管理的原则

3. 以下企业类型中必须设置总会计师的是（　　）。
A. 国有大、中型企业
B. 国有资产占控股地位的大、中型企业
C. 国有资产占主导地位的大、中型企业
D. 国家重点扶持的大、中型企业
E. 集体企业

4. 根据《会计法》的规定，单位负责人对会计工作的领导责任包括（　　）。
A. 领导会计机构、会计人员和其他人员执行《会计法》
B. 保障会计人员的职务不受侵犯
C. 保证会计资料真实、完整
D. 支持会计人员依法行使职权

5. 根据《会计法》的规定，会计档案是指会计核算方面的专业资料，通常应当包括（　　）。
A. 会计凭证 B. 会计账簿 C. 财务会计报告 D. 会计制度
E. 会计从业证书

6. 我国《会计法》规定，财务会计报告必须要由单位有关负责人签名或者盖章，下列人员

中，应当在财务会计报告上签名或者盖章的是（　　）。
   A. 单位负责人　　　　　　　　B. 单位内部审计负责人
   C. 总会计师　　　　　　　　　D. 会计主管人员
   E. 项目会计

7. 下列业务中应当办理会计手续并进行会计核算的是（　　）。
   A. 款项和有价证券的收付　　　B. 财物的收发、增减和使用
   C. 债权债务的发生和结算　　　D. 资本、基金的增减
   E. 收入、支出、费用、成本的计算

四、判断题

1. 会计档案的保管期限和销毁办法可以由各单位视具体情况自行制定。（　　）
2. 会计人员调动工作或者离职，可以与接管人员办清交接手续。（　　）
3. 会计工作岗位可以一人一岗、一人多岗或一岗多人；出纳人员可以兼任登记账目工作。（　　）
4. 各单位必须根据实际发生的经济业务事项进行会计核算。（　　）
5. 各单位可以根据会计业务的需要决定是否单独设置会计机构。（　　）
6. 对本单位的会计工作和会计资料的真实性、完整性负责的单位负责人是指会计机构的负责人。（　　）
7. 原始凭证记载的内容可以修改。（　　）

五、名词解释

1. 会计核算
2. 会计监督
3. 会计人员
4. 会计

六、简答题

1. 简述会计法的基本原则。
2. 简述会计核算的内容。
3. 简述单位内部会计监督制度的要求。
4. 简述会计人员的基本要求。

七、论述题

1. 试述会计核算的基本要求。
2. 试述违反会计制度规定应承担的法律责任。

八、案例分析题

案例1 2019年7月，甲服装厂发生如下事项：

（1）8日，该厂会计人员王某脱产学习一个星期，会计科长指定出纳李某临时监管债权债务账目的登记工作，未办理会计工作交接手续。

（2）10日，该厂档案科会同会计科销毁一批保管期限已满的会计档案，未编制会计档案销毁清册。

请问：以上事项中哪些做法有不妥之处？

案例2 甲公司是一家国有大型企业。2018年12月，公司召开董事会，董事长兼总经理胡某提出财务会计报告专业性很强，其精力有限，以前在财务会计报告上签字盖章只是履行程序而已，从今以后，公司对外报送的财务会计报告一律改由公司总会计师范某一人签字盖章后报出。

请问：甲公司董事长兼总经理胡某的观点有无不妥之处？

参 考 答 案

一、填空题

1. 会计核算　会计监督
2. 统一
3. 人民币
4. 单位负责人
5. 不得
6. 程序　内容
7. 财政部门
8. 国家统一的会计制度
9. 伪造　变造
10. 1月1日　12月31日

二、单项选择题

1. D　2. A　3. C　4. C　5. A　6. A　7. B

三、多项选择题

1. AB　2. ACDE　3. ABC　4. ABCD　5. ABC　6. ACD　7. ABCDE

四、判断题

1. 错误　2. 错误　3. 错误　4. 正确　5. 正确　6. 错误　7. 错误

五、名词解释

1. 会计核算：是指以货币为主要计量单位，通过专门的程序和方法，对生产经营活动或预算执行过程及其结果进行连续、系统和全面的记录、计算、分析，定期编制并提供财务会计报告和其他会计资料，为经营决策和宏观经济管理提供依据的一项会计活动。
2. 会计监督：是指运用会计方法，对经济业务事项中资金运用的合理性、合法性和有效性进行事前、事中和事后的监督，它是会计的基本职能之一。
3. 会计人员：是指根据《会计法》的规定，在单位从事会计核算、实行会计监督等会计工作的人员。
4. 会计：是指以货币为基本形式，采用专门方法，连续、完整、系统地反映和控制单位的经济行为，进而达到加强经济管理、提高经济效益目的的一种管理活动。

六、简答题

1. 简述会计法的基本原则。

答:会计法的基本原则是指导会计活动的准则,是对会计核算、会计监督等活动的基本要求,它为我国会计制度的规范提供了法律依据。我国《会计法》的总则中确定了如下的会计准则。

(1) 合法性原则。

《会计法》第2条规定:"国家机关、社会团体、公司、企业、事业单位和其他组织(以下统称单位)必须依照本法办理会计事务。"《会计法》第5条规定:"会计机构、会计人员依照本法规定进行会计核算,实行会计监督。"这两项规定体现了会计工作的合法性原则。我国的会计工作既然是由国家颁布的法律、法规调整,就必须强调依法办理会计事务,从事会计工作。

(2) 统一领导、分级管理的原则。

《会计法》第7条规定:"国务院财政部门主管全国的会计工作。县级以上地方各级人民政府财政部门管理本行政区域内的会计工作。"由于会计工作同国家财经收支关系非常密切,会计工作是财经工作的一项基础工作,所以,它的管理体制必须同财经管理体制相适应,即实行统一领导、分级管理的原则。《会计法》颁布后,各级财政部门成立了专门的会计事务管理部门,加强了统一领导、分级管理的体制,同时还规定由各地方、各部门、各单位领导人直接领导会计机构、会计人员和其他人员执行《会计法》,以保证对会计工作的领导。

(3) 统一性原则。

《会计法》第8条规定了会计制度的统一性。国家实行统一的会计制度。国家统一的会计制度由国务院财政部门根据《会计法》制定并公布。国务院有关部门可以依照《会计法》和国家统一的会计制度制定对会计核算和会计监督有特殊要求的行业实施国家统一的会计制度的具体办法或者补充规定,报国务院财政部门审核批准。中国人民解放军总后勤部可以依照《会计法》和国家统一的会计制度制定军队实施国家统一的会计制度的具体办法,报国务院财政部门备案。

2. 简述会计核算的内容。

答:《会计法》第10条规定,下列经济业务事项,应当办理会计手续,进行会计核算:(1) 款项和有价证券的收付;(2) 财物的收发、增减和使用;(3) 债权债务的发生和结算;(4) 资本、基金的增减;(5) 收入、支出、费用、成本的计算;(6) 财务成果的计算和处理;(7) 需要办理会计手续、进行会计核算的其他事项。

3. 简述单位内部会计监督制度的要求。

答:单位内部会计监督制度应当符合下列要求:(1) 记账人员与经济业务事项和会计事项的审批人员、经办人员、财物保管人员的职责权限应当明确,并相互分离、相互制约;(2) 重大的对外投资、资产处置、资金调度和其他重要经济业务事项的决策和执行的相互监督、相互制约程序应当明确;(3) 财产清查的范围、期限和组织程序应当明确;(4) 对会计资料定期进行内部审计的办法和程序应当明确。

4. 简述会计人员的基本要求。

答:会计人员从事会计工作,应当符合以下要求:(1) 遵守《会计法》和国家统一的会计制度等;(2) 具备良好的职业道德;(3) 具备从事会计工作所需要的专业能力;(4) 按国家有关规定,参加会计继续教育和培训。

七、论述题

1. 试述会计核算的基本要求。

答：会计核算的基本要求如下：

（1）依法建账。

各单位必须依《会计法》和国家统一的会计制度设置会计账簿，进行会计核算。各单位发生的各项经济业务事项应当在依法设置的会计账簿上统一登记、核算，不得违反《会计法》和国家统一的会计制度的规定私设会计账簿登记、核算。

（2）保证会计资料的真实和完整。

会计凭证、会计账簿、财务会计报告和其他会计资料，必须符合国家统一的会计制度的规定。任何单位和个人不得伪造、变造会计凭证、会计账簿及其他会计资料，不得提供虚假的财务会计报告。会计机构、会计人员必须按照国家统一的会计制度的规定对原始凭证进行审核，对不真实、不合法的原始凭证有权不予接受，并向单位负责人报告；对记载不准确、不完整的原始凭证予以退回，并要求按照国家统一的会计制度的规定更正、补充。原始凭证记载的各项内容均不得涂改；原始凭证有错误的，应当由出具单位重开或者更正，更正处应当加盖出具单位印章。原始凭证金额有错误的，应当由出具单位重开，不得在原始凭证上更正。

单位负责人对本单位的会计工作和会计资料的真实性、完整性负责。

（3）根据实际发生的业务进行会计核算。

各单位必须根据实际发生的经济业务事项进行会计核算，填制会计凭证，登记会计账簿，编制财务会计报告。任何单位不得以虚假的经济业务事项或者资料进行会计核算。

（4）正确使用会计记录文字。

会计记录的文字应当使用中文。在民族自治地方，会计记录可以同时使用当地通用的一种民族文字。在中华人民共和国境内的外商投资企业、外国企业和其他外国组织的会计记录，可以同时使用一种外国文字。

（5）使用电子计算机须符合法律规定。

使用电子计算机进行会计核算的，其软件及其生成的会计凭证、会计账簿、财务会计报告和其他会计资料，必须符合国家统一的会计制度的规定。

2. 试述违反会计制度规定应承担的法律责任。

答：《会计法》规定，有下列行为之一的，由县级以上人民政府财政部门责令限期改正，可以对单位并处3 000元以上5万元以下的罚款；对其直接负责的主管人员和其他直接责任人员，可以处2 000元以上2万元以下的罚款；属于国家工作人员的，还应当由其所在单位或者有关单位依法给予行政处分；构成犯罪的，依法追究刑事责任：（1）不依法设置会计账簿的；（2）私设会计账簿的；（3）未按照规定填制、取得原始凭证或者填制、取得的原始凭证不符合规定的；（4）以未经审核的会计凭证为依据登记会计账簿或者登记会计账簿不符合规定的；（5）随意变更会计处理方法的；（6）向不同的会计资料使用者提供的财务会计报告编制依据不一致的；（7）未按照规定使用会计记录文字或者记账本位币的；（8）未按照规定保管会计资料，致使会计资料毁损、灭失的；（9）未按照规定建立并实施单位内部会计监督制度或者拒绝依法实施的监督或者不如实提供有关会计资料及有关情况的；（10）任用会计人员不符合本法规定的。

会计人员有前面所列行为之一，情节严重的，5年内不得从事会计工作。

有关法律对前面所列行为的处罚另有规定的,依照有关法律的规定办理。

八、案例分析题

案例 1 答:(1)出纳不能监管债权债务账目登记工作,因此,李某不能接替王某的工作。虽然王某只脱产学习一周,但也需要办理会计工作交接手续。(2)会计档案保管期满需要销毁的,需要编造会计档案销毁清册,并履行规定手续后方可销毁。

案例 2 答:胡某的观点不符合《会计法》的规定。《会计法》规定,财务会计报告,应由单位负责人、主管会计工作的负责人、会计机构负责人(会计主管人员)签名或者盖章;设置总会计师的单位,还须由总会计师签名并盖章。单位负责人对财务会计报告的真实性、完整性负法律责任。董事长胡某作为单位的法定代表人,应当依法对本单位的会计工作和会计资料的真实性、完整性负责,也应当依法在本单位对外出具的财务会计报告上签名并盖章。

第三章
审计法律制度

本章知识重点提示
➤ 审计法、审计人员和审计机关的概念
➤ 违反《审计法》应当承担的法律责任

一、填空题

1. 审计机关是代表国家行使审计监督权的_____。
2. 国务院设立_____,在国务院总理的领导下,主管全国的审计工作。
3. 地方各级审计机关对_____和_____负责并报告工作。
4. 审计机关对本级各部门(含直属单位)和下级政府_____和_____以及_____进行审计监督。
5. 被审计单位负责人应当对本单位提供资料的_____、_____和_____负责。
6. 报复陷害审计人员的,依法给予_____;构成犯罪,依法追究_____。
7. 审计人员办理审计事项时,与_____或者_____有利害关系的人员,应当回避。
8. 审计决定自_____之日起生效。
9. 向有关单位和个人进行调查时,审计人员应当不少于_____人。
10. 审计机关经_____级以上人民政府审计机关负责人批准,有权查询被审计单位在金融机构的账户。

二、单项选择题

1. 审计机关根据被审计单位的财政、财务隶属关系确定审计管辖范围,不能根据前述关系确定审计管辖范围的,应根据(　　)确定审计管辖范围。
   A. 被审计单位的所有制性质　　　B. 国有资产监督管理关系
   C. 被审计单位的行政隶属关系　　D. 被审计单位的规模
2. 地方各级审计机关的审计业务以(　　)领导为主。
   A. 本级人民政府　　　　　　　　B. 本级人大
   C. 上级审计机关　　　　　　　　D. 审计署
3. 审计组的审计报告报送审计机关前,(　　)征求被审计单位的意见。
   A. 应当　　　　　　　　　　　　B. 可以
   C. 不得　　　　　　　　　　　　D. 根据审计机关的要求
4. 审计机关负责人(　　)。

A. 可以随时调整
B. 没有违法失职或者其他不符合任职条件的情况的,不得随意撤换
C. 任免不必征求上一级审计机关的意见
D. 必须具备审计相关专业技术资格

5. 审计关系是一种(　　)。
   A. 法律关系　　B. 经济关系　　C. 行政关系　　D. 民事关系

6. 审计机关是代表国家行使审计监督权的(　　)
   A. 行政机关　　B. 监督机关　　C. 司法机关　　D. 监察机关

7. 审计机关有权对(　　)的财务收支情况进行审计监督。
   A. 所有金融机构
   B. 国有金融机构和国有资本占控股地位或者主导地位的金融机构
   C. 民营金融机构
   D. 外资金融机构

8. 审计机关认为被审计单位所执行的上级主管机关、单位有关财政收支、财务收支的规定与法律、行政法规相抵触的,应当(　　)。
   A. 直接宣布无效　　　　　　　　B. 请求法院宣布无效
   C. 建议被审计单位不予执行　　　D. 建议有关主管机关、单位纠正

三、多项选择题

1. 审计活动应当遵循的原则有(　　)。
   A. 合法性原则　　　　　　　B. 独立性原则
   C. 客观公正原则　　　　　　D. 统一性原则
   E. 建设性原则

2. 根据《审计法》的规定,(　　)应当接受审计。
   A. 国务院各部门和地方各级人民政府及其各部门的财政收支
   B. 国有的金融机构和企业事业组织的财务收支
   C. 合资、独资、民营机构组织的财务收支
   D. 其他依照审计法规定应当接受审计的财政收支、财务收支

3. 根据审计机关工作需要,可以在其审计管辖的范围内设立(　　)。
   A. 派出机构　　　　　　B. 分支机构
   C. 审计特派员　　　　　D. 审计专门人员
   E. 审计师

4. 审计具有(　　)职能。
   A. 财政监督职能　　　　　B. 经济监察职能
   C. 经营管理职能　　　　　D. 保护公共财产职能
   E. 经济公证职能

5. 对本级各部门(含直属单位)和下级政府违反预算的行为或者其他违反国家规定的财政收支行为,可以采取(　　)。
   A. 限期缴纳应当上缴的款项
   B. 责令限期退还被侵占的国有资产

C. 责令限期退还违法所得

D. 责令按照国家统一的财务、会计制度的有关规定进行处理

6. 审计人员有（　　　　）行为，构成犯罪的，依法追究刑事责任。

A. 滥用职权、徇私舞弊、玩忽职守

B. 泄露国家秘密、工作秘密、商业秘密的

C. 泄露个人隐私和个人信息的

D. 向他人非法提供所知悉的国家秘密、工作秘密、商业秘密、个人隐私和个人信息的

7. 下列说法中正确的有（　　　　）。

A. 审计人员依法执行职务，受法律保护

B. 任何组织和个人不得拒绝、阻碍审计人员依法执行职务

C. 任何组织和个人不得打击报复审计人员

D. 审计人员办理审计事项，应当客观公正，实事求是，廉洁奉公，保守秘密

8. 审计署在国务院总理的领导下，对（　　　　）进行审计监督，向国务院总理提出审计结果报告。

A. 中央预算执行情况　　　　　　　B. 决算草案

C. 其他财政收支情况　　　　　　　D. 中央银行的财务收支

四、判断题

1. 审计机关根据被审计单位的财政、财务隶属关系或者国有资产监督管理关系确定审计管辖范围。（　　）

2. 审计机关是代表国家执行审计监督职能的国家行政机关。（　　）

3. 上级审计机关对下级审计机关审计管辖范围内的重大审计事项可以重复审计。（　　）

4. 审计机关可以向政府有关部门通报或者向社会公布审计结果。（　　）

5. 审计对各单位的经济活动的监督是直接的。（　　）

6. 审计机关有权对社会保险基金的财务收支进行审计监督。（　　）

7. 国家政务信息系统和数据共享平台不向审计机关开放。（　　）

8. 审计机关不得查询个人在金融机构账户的存款。（　　）

五、名词解释

1. 审计
2. 审计关系
3. 审计法

六、简答题

1. 简述审计的特征。
2. 简述审计机关的设置。

七、论述题

1. 试述审计机关的工作程序。
2. 试述审计机关的职责。

参 考 答 案

一、填空题
1. 国家机关
2. 审计署
3. 本级人民政府　上一级审计机关
4. 预算的执行情况　决算　其他财政收支情况
5. 及时性　真实性　完整性
6. 处分　刑事责任
7. 被审计单位　审计事项
8. 送达
9. 2
10. 县

二、单项选择题
1. B　2. C　3. A　4. B　5. B　6. A　7. B　8. D

三、多项选择题
1. ABCE　2. ABD　3. AC　4. ABCE　5. ABCD　6. ABCD　7. ABCD　8. ABCD

四、判断题
1. 正确　2. 正确　3. 错误　4. 正确　5. 错误　6. 正确　7. 错误　8. 错误

五、名词解释
1. 审计：是指专职审计机关和专业人员依法独立检查被审计单位的会计凭证、会计账簿、会计报表以及其他与财政收支、财务收支有关的资料和资产，监督财政收支、财务收支真实、合法和效益的行为。
2. 审计关系：是指从事审计工作的专职机构和专业人员在审计过程中以及国家在管理审计工作过程中发生的经济关系。
3. 审计法：是指调整审计关系的法律规范的总称。

六、简答题
1. 简述审计的特征。
答：审计的特征有：
(1) 审计既是经济监督的一种形式，又是经济监督的一种方法；
(2) 审计必须是由会计人员以外的第三者依法站在公正的立场上进行的审查、评价；
(3) 审计对各单位的经济活动的监督是间接的，必须通过对会计活动所提供的一切会计资料的审查来进行；
(4) 审计的目的是为了严肃财经法纪，提高经济效益，加强宏观控制和管理。

2. 简述审计机关的设置。

答：《审计法》规定，国务院设立审计署，在国务院总理的领导下，主管全国的审计工作。审计长是审计署的行政首长。省、自治区、直辖市、设区的市、自治州、县、自治县、不设区的市、市辖区的人民政府的审计机关，分别在省长、自治区主席、市长、州长、县长、区长和上一级审计机关的领导下，负责本行政区域内的审计工作。

地方各级审计机关对本级人民政府和上一级审计机关负责并报告工作，审计业务以上级审计机关领导为主。审计机关根据工作需要，经本级人民政府批准，可以在其审计管辖范围内设立派出机构。派出机构根据审计机关的授权，依法进行审计工作。

七、论述题

1. 试述审计机关的工作程序。

答：审计机关进行审计应当依照下列程序：

（1）组成审计组，送达审计通知书。审计机关根据经批准的审计项目计划确定的审计事项组成审计组，并应当在实施审计 3 日前，向被审计单位送达审计通知书；遇有特殊情况，经县级以上人民政府审计机关负责人批准，可以直接持审计通知书实施审计。被审计单位应当配合审计机关的工作，并提供必要的工作条件。

（2）进行审计，并取得证明材料。审计人员通过审查财务、会计资料，查阅与审计事项有关的文件、资料，检查现金、实物、有价证券和信息系统，向有关单位和个人调查等方式进行审计，并取得证明材料。向有关单位和个人进行调查时，审计人员应当不少于 2 人，并出示其工作证件和审计通知书副本。

（3）提出审计报告。审计组对审计事项实施审计后，应当向审计机关提出审计组的审计报告。审计组的审计报告报送审计机关前，应当征求被审计单位的意见。被审计单位应当自接到审计组的审计报告之日起 10 日内，将其书面意见送交审计组。审计组应当将被审计单位的书面意见一并报送审计机关。

（4）审定审计报告，出具审计意见书。审计机关按照审计署规定的程序对审计组的审计报告进行审议，并对被审计单位对审计组的审计报告提出的意见一并研究后，出具审计机关的审计报告。对违反国家规定的财政收支、财务收支行为，依法应当给予处理、处罚的，审计机关在法定职权范围内作出审计决定；需要移送有关主管机关、单位处理、处罚的，审计机关应当依法移送。

2. 试述审计机关的职责。

答：根据《审计法》的规定，审计机关有如下职责：

（1）审计机关对本级各部门（含直属单位）和下级政府预算的执行情况和决算以及其他财政收支情况，进行审计监督。

审计署在国务院总理的领导下，对中央预算执行情况、决算草案以及其他财政收支情况进行审计监督，向国务院总理提出审计结果报告。地方各级审计机关分别在省长、自治区主席、市长、州长、县长、区长和上一级审计机关的领导下，对本级预算执行情况、决算草案以及其他财政收支情况进行审计监督，向本级人民政府和上一级审计机关提出审计结果报告。

（2）审计署对中央银行的财务收支，进行审计监督。

（3）审计机关对国家的事业组织和使用财政资金的其他事业组织的财务收支，进行审计监督。

（4）审计机关对国有企业、国有金融机构和国有资本占控股地位或者主导地位的企业、金融机构的资产、负债、损益以及其他财务收支情况,进行审计监督。

遇有涉及国家财政金融重大利益的情形,为维护国家经济安全,经国务院批准,审计署可以对其他金融机构进行专项审计调查或者审计。

(5) 审计机关对政府投资和以政府投资为主的建设项目的预算执行情况和决算,对其他关系国家利益和公共利益的重大公共工程项目的资金管理使用和建设运营情况,进行审计监督。

(6) 审计机关对国有资源、国有资产,进行审计监督。

审计机关对政府部门管理的和其他单位受政府委托管理的社会保险基金、全国社会保障基金、社会捐赠资金以及其他公共资金的财务收支,进行审计监督。

(7) 审计机关对国际组织和外国政府援助、贷款项目的财务收支,进行审计监督。

(8) 根据经批准的审计项目计划安排,审计机关可以对被审计单位贯彻落实国家重大经济社会政策措施情况进行审计监督。

(9) 审计机关对其他法律、行政法规规定应当由审计机关进行审计的事项,依照本法和有关法律、行政法规的规定进行审计监督。

审计机关可以对被审计单位依法应当接受审计的事项进行全面审计,也可以对其中的特定事项进行专项审计。

第四章
环境保护法律制度

本章知识重点提示
- 环境保护法的概念
- 环境保护法的基本原则和基本制度
- 环境保护相关的信息公开和公众参与制度
- 环境法律责任

一、填空题

1. 环境可分为自然环境和_____，也可以分为生态环境和_____。
2. 人口、资源、_____、_____和_____问题是当今世界五大问题。
3. 当今世界"三大公害"是_____、_____和_____。
4. 环境评价可分为_____评价和_____评价。
5. 排污收费制度是实施_____原则的一项具体制度。
6. 因环境污染损害赔偿提起诉讼的时效期为_____年，从当事人知道或应当知道受到污染损害时起计算。
7. 违反环境保护法的法律责任中，对中央直管单位的停业、关闭处分须_____。
8. 环境影响评价制度是实现_____、_____原则，保护环境，防治污染的一项重要的环境保护制度，也是基本建设的一项重要制度。
9. 生态保护红线是依法在_____、_____和_____等区域划定的严格管控边界，是国家和区域生态安全的底线。
10. 建设项目中防治污染的设施，应当与主体工程_____、_____、_____。

二、单项选择题

1. 环境政策的目标和制订污染物排放标准的依据是（　　）。
   A. 环境质量标准　　　　　　　　B. 污染物排放标准
   C. 环保基础标准　　　　　　　　D. 环保方法标准
2. 被称为"新型毒药"的环境污染是指（　　）。
   A. 大气污染　　B. 水污染　　C. 噪声污染　　D. 生活污染
3. 因环境污染损害赔偿提起的诉讼的时效为（　　）。
   A. 1年　　　　B. 2年　　　　C. 3年　　　　D. 4年
4. 违反法律规定，未取得排污许可证排放污染物，被责令停止排污，拒不执行且尚不构成犯罪的,除依照有关法律法规规定予以处罚外,对其直接负责的主管人员和其他直接责任人员,处以( )。

A. 10日以上15日以下拘留　　　　　B. 5日以上10日以下拘留
C. 30日以上45日以下拘留　　　　　D. 45日以上60日以下拘留

三、多项选择题

1. 环境保护措施和工作环节包括( )。
A. 预防和治理　　B. 组织和协调　　C. 监测和监督　　D. 宣传和教育
E. 理论研究

2. "三同时制度"是环境保护和基本建设的一项基本制度,它是指一切建设项目的防治污染的设施必须与主体工程( )。
A. 同时设计　　　　　　　　B. 同时施工
C. 同时立项　　　　　　　　D. 同时投产使用
E. 同时验收

3. 我国现阶段的环境标准体系由四类、两级环境标准构成,其中的四类标准是( )。
A. 环境质量标准　　　　　　B. 污染物排放标准
C. 噪声污染标准　　　　　　D. 环保基础标准
E. 环保方法标准

4. 环境污染具有( )。
A. 公害性　　B. 潜伏性　　C. 长久性　　D. 复杂性
E. 代价高

5. 在保护农业环境的防治土壤恶化的环节中,防治土壤恶化包括( )。
A. 土壤污染　　B. 土地沙化　　C. 土壤盐渍化　　D. 土壤贫瘠化
E. 土壤沼泽化

6. 我国已经制定的环境质量标准包括( )。
A.《大气环境质量标准》　　　B.《海水水质标准》
C.《地面环境质量标准》　　　D.《城市区域环境噪音标准》
E.《地下水环境质量标准》

7. 我国现阶段环境标准体系中的两级标准存在于( )。
A. 环境质量标准　　　　　　B. 污染物排放标准
C. 环保方法标准　　　　　　D. 环保基础标准
E. 大气污染标准

8. 污染的发生源包括( )。
A. 工业污染源　　　　　　　B. 农业污染源
C. 水污染源　　　　　　　　D. 生活污染源
E. 效能运输污染源

9. 我国的环境法所指的环境包括( )。
A. 大气和水　　　　　　　　B. 海洋和土地
C. 矿藏和森林　　　　　　　D. 草原和野生生物
E. 城市和乡村

10. 从事畜禽养殖和屠宰的单位和个人应当采取措施,对( )等废弃物进行科学处置,防止污染环境。

A. 畜禽粪便　　　B. 畜禽尸体　　　C. 污水　　　D. 畜禽固体饲料

E. 畜禽饮用水

四、名词解释

1. 环境
2. 环境保护
3. 环境监测

五、简答题

1. 简述我国环境保护法的基本原则。
2. 简述我国环境法律体系的构成。
3. 简述我国《环境保护法》中关于保护农业环境的规定。

六、论述题

试述我国环境保护基本制度。

参 考 答 案

一、填空题

1. 人工环境　生活环境
2. 能源　粮食　环境
3. 大气污染　水污染　生活污染
4. 现状　预
5. 谁污染谁治理
6. 3
7. 报国务院批准
8. 防治结合　预防为主
9. 重点生态功能区　生态环境敏感区　生态环境脆弱区
10. 同时设计　同时施工　同时投产使用

二、单项选择题

1. A　2. C　3. C　4. A

三、多项选择题

1. ABCDE　2. ABD　3. ABDE　4. ABCDE　5. ABCDE　6. ABCD　7. AB　8. ABDE　9. ABCDE　10. ABCE

四、名词解释

1. 环境:是指影响人类生存和发展的各种天然的和经过人工改造的自然因素的总体,是以人类为基本主体,以人类活动为中心的物质空间以及由各种直接或间接地影响人类生存发展的各种自然因素所组成的总体。

2. 环境保护：是指人们（政府、组织和个人）根据生态平衡等客观规律的要求，自觉地采用各种手段、措施，保护自然环境和自然资源、预防和治理污染和公害，以造就一个适宜人类生存、发展、繁衍的物质世界而进行的一系列活动的总称。

3. 环境监测：是指根据保护环境和保障人体健康的需要，运用物理、化学、生物等科学技术手段和方法，对环境中的各种要素、环境质量的各种代表值，进行测定、分析、综合、评价、判断等一系列活动的总称。

五、简答题

1. 简述我国环境保护法的基本原则。

答：我国环境保护法的基本原则有：

（1）协调发展原则；

（2）预防原则；

（3）污染者负担原则；

（4）公众参与原则。

2. 简述我国环境法律体系的构成。

答：我国的环境法律体系由三个层次构成：

（1）环境保护的基本法为第一级；

（2）按环境保护对象或防治对象分类制定的单行环境法规，如各种自然资源保护法、各种污染防治法、各种环境标准等为第二级；

（3）为实施前述环境法律、法规而由各地区、各部门制定的条例、细则、办法、决定等为第三级。

另外，由于环境保护的国际化，我国参加签订或承认的有关国际环境保护条约、协定等也是我国环境法律体系的重要组成部分。

3. 简述我国《环境保护法》中关于保护农业环境的规定。

答：根据我国《环境保护法》第33条的规定，各级人民政府应当加强对农业环境的保护，促进农业环境保护新技术的使用，加强对农业污染源的监测预警，统筹有关部门采取以下措施：

（1）防治土壤恶化，包括防治土壤污染、土地沙化、盐渍化、贫瘠化、沼泽化；

（2）防治地面沉降、植被破坏、水土流失和水源枯竭；

（3）防治种源灭绝以及其他生态失调；

（4）推广植物病虫害的综合防治，如使用化肥、农药等。

县级、乡级人民政府应当提高农村环境保护公共服务水平，推动农村环境综合整治。

六、论述题

试述我国环境保护基本制度。

答：我国环境保护的基本制度如下：

1. 环境规划制度

环境规划制度是指为使环境与社会、经济协调发展，国家依据各地区的自然条件、资源状况和经济发展需要，对其发展变化趋势进行研究而对人类自身活动所作的时间和空间的合理安排。

2. 环境监测和环境影响评价制度

环境监测制度是指国务院环境保护主管部门制定监测规范,会同有关部门组织监测网络,统一规划国家环境质量监测站(点)的设置,建立监测数据共享机制,加强对环境监测的管理。环境影响评价制度是指在一定区域内进行开发建设活动,事先对拟建项目可能对周围环境造成的影响进行调查、预测和评定,并提出防治对策和措施,为项目决策提供科学依据。环境影响评价制度是从环境保护的角度决定开发建设活动能否进行和如何进行的具有强制性的法律制度。

3. 环境检查监督和考核评价制度

(1) 现场检查监督制度是指县级以上人民政府环境保护主管部门及其委托的环境监察机构和其他负有环境保护监督管理职责的部门,有权对排放污染物的企业事业单位和其他生产经营者进行现场检查。被检查者应当如实反映情况,提供必要的资料。实施现场检查的部门、机构及其工作人员应当为被检查者保守商业秘密。

(2) 环境保护目标责任制和考核评价制度。根据《环境保护法》的规定,县级以上人民政府应当将环境保护目标完成情况纳入对本级人民政府负有环境保护监督管理职责的部门及其负责人和下级人民政府及其负责人的考核内容,作为对其考核评价的重要依据。考核结果应当向社会公开。环境保护目标责任制和考核评价制度的实施,有效地提高了检测机能,有利于重大环境事件的及时上报和监督。

4. 保护和改善环境制度

《环境保护法》规定,地方各级人民政府应当根据环境保护目标和治理任务,采取有效措施,改善环境质量。未达到国家环境质量标准的重点区域、流域的有关地方人民政府,应当制定限期达标规划,并采取措施按期达标。

5. 污染和其他公害防治制度

(1) 根据规定,防治和减少污染物的内容主要包括:

① 国家促进清洁生产和资源循环利用。

② 建设项目应遵循"三个同时"原则。

③ 排污企业的防治公害责任。

④ 重点污染物排放总量控制制度。

⑤ 化学物品和含有放射性物质的污染防治。生产、储存、运输、销售、使用、处置化学物品和含有放射性物质的物品,应当遵守国家有关规定,防止污染环境。

⑥ 农业生产经营中的污染防治。

(2) 排污许可及排污费的征收和免除制度。

① 国家依照法律规定实行排污许可管理制度。实行排污许可管理的企业事业单位和其他生产经营者应当按照排污许可证的要求排放污染物;未取得排污许可证的,不得排放污染物。

② 排放污染物的企业事业单位和其他生产经营者,应当按照国家有关规定缴纳排污费。排污费应当全部专项用于环境污染防治,任何单位和个人不得截留、挤占或者挪作他用。依照法律规定征收环境保护税的,不再征收排污费。

6. 信息公开和公众参与制度

这个制度主要包括公民、法人和其他组织有获取环境信息的权利,政府的环境信息公开和排污单位的信息公开等制度。

第五章
自然资源保护法律制度

本章知识重点提示
- 土地管理法的法律规定
- 矿产资源法的法律规定
- 森林法的法律规定
- 渔业法的法律规定
- 水法的法律规定

一、填空题

1. 自然资源按其生成状态可以分为_____资源和_____资源。
2. 根据自然资源法调整的对象范围,自然资源法包括土地管理法、森林法、草原法、水资源法、_____和_____等。
3. 土地利用总体规划规定土地用途时将土地分为_____、_____和未利用地。
4. 国家保护土地的所有权和使用权。国有土地和集体所有的土地的_____权可以依法转让。
5. 我国《森林法》规定,单位之间发生的林木、林地所有权和使用权争议,由_____处理。
6. 森林资源属于_____所有,由法律规定属于_____所有的除外。
7. 开采矿产资源的主体是_____。
8. 中华人民共和国境内的矿产资源均属于_____所有。
9. 我国煤炭资源属于国家所有,其所有权不可转让,但煤炭的_____权和_____权可以依照一定的法律程序转让给国营、集体企业或个体户。

二、单项选择题

1. 下列土地属于国家所有的是( )。
   A. 农村和城市郊区的土地　　B. 城市市区的土地
   C. 宅基地　　　　　　　　　D. 自留地
2. 矿产资源勘察工作区范围以经纬度 $1'\times 1'$ 划分的区块为基本单位区块。矿泉水勘察项目允许登记的最大范围是( )个基本单位区块。
   A. 10　　　　　　　　　　　B. 20
   C. 40　　　　　　　　　　　D. 250

3. 下列林木中不归农村居民所有的是（　　）。
　　A. 自留地林木　　　　　　　B. 房前屋后林木
　　C. 堂院林木　　　　　　　　D. 自留山林木
4. 土地管理法规定，国家保护耕地，严格控制耕地转为非耕地，国家实行（　　）。
　　A. 缴纳耕地开垦费制度　　　B. 占用耕地许可证制度
　　C. 占用耕地审批制度　　　　D. 占用耕地补偿制度
5. 根据我国《森林法》的规定，林地和林地上的森林、林木的所有权、使用权，由（　　）登记造册，核放证书。
　　A. 乡级以上地方人民政府　　B. 县级以上地方人民政府
　　C. 市级以上地方人民政府　　D. 不动产登记机构

三、多项选择题

1. 征收土地应当依法及时足额支付（　　）。
　　A. 土地补偿费　　　　　　　B. 安置补助费
　　C. 地上附着物补偿费　　　　D. 社会保障费用
2. 自然资源法主要包括（　　）等方面的法律、行政法规和地方规章。
　　A. 土地资源　　B. 大气资源　　C. 矿产资源　　D. 森林资源
3. 自然资源使用权转让的限制主要体现在（　　）。
　　A. 转让方式的限制　　　　　B. 转让费用的限制
　　C. 转让主体的限制　　　　　D. 资源用途的限制
4. 下列权利中属于自然资源专项权益的有（　　）。
　　A. 采伐权　　B. 养殖权　　C. 滩涂使用权　　D. 取消权
5. 国家根据生态保护的需要，将森林分为（　　）。
　　A. 公益林　　B. 用材林　　C. 经济林　　D. 商品林
6. 我国土地所有权的特征有（　　）。
　　A. 所有权人只限于国家或者农民集体经济组织
　　B. 土地所有权和使用权一般是分离的
　　C. 所有权的行使要受国家的计划管理和行政监督
　　D. 严禁土地所有权的买卖和商品性流转
7. 国有土地使用权的取得方式有（　　）。
　　A. 有偿转让取得　　　　　　B. 划拨取得
　　C. 开发取得　　　　　　　　D. 承包取得
8. 我国《土地管理法》规定，国家所有依法用于农业的土地可以由单位或者个人承包经营，从事（　　）生产。
　　A. 农业　　B. 林业　　C. 牧业　　D. 渔业

四、名词解释

1. 自然资源
2. 土地使用权
3. 土地利用总体规划

4. 采伐许可证制度

五、简答题
1. 简述农村承包经营土地制度。
2. 简述渔业捕捞许可证制度。

六、论述题
试述我国的耕地保护制度。

参 考 答 案

一、填空题
1. 再生　非再生
2. 矿产资源法　野生动植物资源保护法
3. 农用地　建设用地
4. 使用
5. 县级以上人民政府
6. 国家　集体
7. 国营矿山企业
8. 国家
9. 探矿　采矿

二、单项选择题
1. B　2. A　3. C　4. D　5. D

三、多项选择题
1. ABCD　2. ACD　3. AD　4. ABD　5. AD　6. ABCD　7. ABCD　8. ABCD

四、名词解释
1. 自然资源：是指在一定的技术经济条件下，自然界中对人类有用的一切物质和能量。
2. 土地使用权：是指土地使用人依照法律的规定，对占有的土地进行合理利用的权利。
3. 土地利用总体规划：是指根据国家经济和社会发展规划，国土整治和淘汰环境保护的要求，土地供给能力以及各项建设的需要，对土地进行长期性、战略性的合理安排和利用的方案和设计。
4. 采伐许可证制度：是指采伐林木者必须取得采伐许可证后才能进行林木采伐的制度。

五、简答题
1. 简述农村承包经营土地制度。
答：农民集体所有和国家所有依法由农民集体使用的耕地、林地、草地以及其他依法用于农业的土地，采取农村集体经济组织内部的家庭承包方式承包，不宜采取家庭承包方式的荒山、荒沟、荒丘、荒滩等，可以采取招标、拍卖、公开协商等方式承包，从事种植业、林业、畜牧业、渔业生产。

家庭承包的耕地的承包期为 30 年,草地的承包期为 30 年至 50 年,林地的承包期为 30 年至 70 年;耕地承包期届满后再延长 30 年,草地、林地承包期届满后依法相应延长。发包方和承包方应当订立承包合同,约定双方的权利和义务。承包经营土地的农民有保护和按照承包合同约定的用途合理利用土地的义务。农民的土地承包经营权受法律保护。

国家所有依法用于农业的土地可以由单位或者个人承包经营,从事种植业、林业、畜牧业、渔业生产。发包方和承包方应当订立承包合同,约定双方的权利和义务。土地承包经营的期限由承包合同约定。承包经营土地的单位和个人,有保护和按照承包合同约定的用途合理利用土地的义务。

2. 简述渔业捕捞许可证制度。

答:国家对捕捞业实行捕捞许可证制度。

海洋大型拖网、围网作业以及到中华人民共和国与有关国家缔结的协定确定的共同管理的渔区或者公海从事捕捞作业的捕捞许可证,由国务院渔业行政主管部门批准发放。其他作业的捕捞许可证,由县级以上地方人民政府渔业行政主管部门批准发放;但是,批准发放海洋作业的捕捞许可证不得超过国家下达的船网工具控制指标,具体办法由省、自治区、直辖市人民政府规定。

捕捞许可证不得买卖、出租和以其他形式转让,不得涂改、伪造、变造。具备下列条件的,方可发给捕捞许可证:(1)有渔业船舶检验证书;(2)有渔业船舶登记证书;(3)符合国务院渔业行政主管部门规定的其他条件。

县级以上地方人民政府渔业行政主管部门批准发放的捕捞许可证,应当与上级人民政府渔业行政主管部门下达的捕捞限额指标相适应。从事捕捞作业的单位和个人,必须按照捕捞许可证关于作业类型、场所、时限、渔具数量和捕捞限额的规定进行作业,并遵守国家有关保护渔业资源的规定,大中型渔船应当填写渔捞日志。制造、更新改造、购置、进口的从事捕捞作业的船舶必须经渔业船舶检验部门检验合格后,方可下水作业。

未依法取得捕捞许可证擅自进行捕捞的,没收渔获物和违法所得,并处 10 万元以下的罚款;情节严重的,可以没收渔具和渔船。违反捕捞许可证关于作业类型、场所、时限和渔具数量的规定进行捕捞的,没收渔获物和违法所得,可以处 5 万元以下的罚款;情节严重的,可以没收渔具,吊销捕捞许可证。

六、论述题

试述我国的耕地保护制度。

答:根据国家标准《土地利用现状分类》(GB/T 21010—2017),耕地是指种植农作物的土地,包括熟地、新开发复垦整理地、休闲地、轮歇地、草田轮作地;以种植农作物为主,间有零星果树、桑树或其他树木的土地;平均每年能保证收获一季的已垦滩地和海涂。

耕地是人类赖以生存和发展的基础,是实现粮食安全的关键要素。因此,国家将保护耕地作为土地管理的首要任务,实施严格的耕地保护制度和节约用地制度,坚持耕地保护优先,全面强化规划统筹、用途管制、用地节约和执法监管,严守耕地红线,确保耕地实有面积基本稳定、质量不下降。

(1)占用耕地补偿制度。

国家实行占用耕地补偿制度。非农业建设经批准占用耕地的,按照"占多少,垦多少"的原则,由占用耕地的单位负责开垦与所占用耕地的数量和质量相当的耕地;没有条件开垦或者开垦的耕地不符合要求的,应当按照省、自治区、直辖市的规定缴纳耕地开垦费,专款用于开垦新的耕地。省、自治区、直辖市人民政府应当制定开垦耕地计划,监督占用耕地的单位按照计划开垦耕地或者按照计划组织开垦耕地,并进行验收。

(2) 永久基本农田保护制度。

根据《土地管理法》的规定,划入永久基本农田的包括:经国务院有关主管部门或者县级以上地方人民政府批准确定的粮、棉、油、糖等重要农产品生产基地内的耕地;有良好的水利与水土保持设施的耕地,正在实施改造计划以及可以改造的中、低产田和已建成的高标准农田;蔬菜生产基地;农业科研、教学试验田;国务院规定应当划入永久基本农田的其他耕地。

(3) 禁止闲置、荒芜耕地。

国家禁止任何单位和个人闲置、荒芜耕地。已经办理审批手续的非农业建设占用耕地,一年内不用而又可以耕种并收获的,应当由原耕种该幅耕地的集体或者个人恢复耕种,也可以由用地单位组织耕种;一年以上未动工建设的,应当按照省、自治区、直辖市的规定缴纳闲置费;连续二年未使用的,经原批准机关批准,由县级以上人民政府无偿收回用地单位的土地使用权;该幅土地原为农民集体所有的,应当交由原农村集体经济组织恢复耕种。

(4) 鼓励开发、开垦、改造土地。

国家鼓励单位和个人按照土地利用总体规划,在保护和改善生态环境、防止水土流失和土地荒漠化的前提下,开发未利用的土地;适宜开发为农用地的,应当优先开发成农用地。国家依法保护开发者的合法权益。

开垦未利用的土地,必须经过科学论证和评估,在土地利用总体规划划定的可开垦的区域内,经依法批准后进行。禁止毁坏森林、草原开垦耕地,禁止围湖造田和侵占江河滩地。根据土地利用总体规划,对破坏生态环境开垦、围垦的土地,有计划、有步骤地退耕还林、还牧、还湖。

开发未确定使用权的国有荒山、荒地、荒滩从事种植业、林业、畜牧业、渔业生产的,经县级以上人民政府依法批准,可以确定给开发单位或者个人长期使用。县、乡(镇)人民政府应当组织农村集体经济组织,按照土地利用总体规划,对田、水、路、林、村综合整治,提高耕地质量,增加有效耕地面积,改善农业生产条件和生态环境。地方各级人民政府应当采取措施,改造中、低产田,整治闲散地和废弃地。

因挖损、塌陷、压占等造成土地破坏,用地单位和个人应当按照国家有关规定负责复垦;没有条件复垦或者复垦不符合要求的,应当缴纳土地复垦费,专项用于土地复垦。复垦的土地应当优先用于农业。

第五编

社会保障法律制度

第一章 概述

本章知识重点提示
- 社会保障的含义和特征
- 社会保障法的理念
- 社会保障法的基本原则

一、填空题

1. 社会保障的发展经历了_____和_____。
2. 传统的社会保障时期经历了_____、_____和_____三个历史阶段。
3. 1601年,伊丽莎白女王颁布了世界历史上有名的_____,俗称旧济贫法。
4. 1935年,美国国会通过了_____。该法也成了世界上最早的社会保障立法。
5. 社会保障的责任主体是_____或_____。
6. 社会保障法实现了对弱势群体_____全面和有效的保障。
7. 社会保障法的宗旨是反对歧视并向弱者倾斜,满足弱势群体的_____需要。
8. 英国威廉·贝弗里奇爵士在《社会保险及相关服务》中第一次提出了_____与_____原则。
9. _____是指由法定的国家机关制定的,具有不同法律地位或效力的社会保障法的具体表现形式。
10. 2004年《宪法》修订时在第33条第3款增加了人权保障的内容,规定"国家尊重和保障人权",标志着_____。

二、单项选择题

1. (　　)是世界上第一个实行社会保险制度的国家。
   A. 英国　　　　B. 美国　　　　C. 德国　　　　D. 中国
2. 英国在1834年颁布的(　　)标志着现代社会保障制度的萌芽。
   A. 济贫法　　　B. 旧济贫法　　C. 新济贫法　　D. 社会保障法
3. 社会保障法强调对民生的关注以及公共利益的维护,其目标是(　　)。
   A. 实现社会公平并促进社会的全面发展　　B. 维护社会安定
   C. 保障经济发展　　　　　　　　　　　　D. 促进个人发展
4. 社会保障法作为经济法的组成部分,同样把(　　)作为自身的价值追求。
   A. 追求形式正义　　　　　　　　　　　　B. 追求实质正义

C. 追求程序正义　　　　　　　　　D. 追求形式正义与实质正义的统一

5. 从人类最初萌发的慈善思想到保障社会成员的生存权成为国家和社会应尽的义务，标志着（　　）。
A. 传统意义的社会保障法的产生　　B. 社会保障法发展进入了新阶段
C. 现代意义的社会保障法的产生　　D. 社会保障法具有的新的内涵

6. 早在资产阶级民主革命时期，资产阶级倡导"天赋人权""人生而自由平等"，随后将（　　）通过法律的形式确定下来并予以保护。
A. 发展权　　　B. 稳定权　　　C. 平等权　　　D. 生存权

7. （　　）是指在坚持普遍性原则的基础上，根据不同地区的物质条件和不同社会成员的不同要求，在社会保障的制度上体现出一定的差异性。
A. 差异性原则　　B. 普遍性原则　　C. 公平性原则　　D. 效率优先原则

8. 由（　　）社会保障的开支比单独由政府承担更具科学性和合理性。
A. 个人承担　　　　　　　　　　　B. 企业承担
C. 用人单位承担　　　　　　　　　D. 政府和社会共同承担

9. （　　）属于地方政府规章。
A. 《上海市人民代表大会常务委员会关于加强本市城镇职工养老保险费征缴的若干规定》
B. 《国务院关于建立统一的城乡居民基本养老保险制度的意见》
C. 《上海市工伤保险实施办法》
D. 《老年人保障法》

10. 社会保障法的宗旨是（　　），满足弱势群体的生存和发展需要。
A. 向强者倾斜　　　　　　　　　　B. 保护弱者
C. 反对歧视并向弱者倾斜　　　　　D. 保护强者

三、多项选择题

1. 社会保障法的社会性体现在（　　）。
A. 范围的社会性　　　　　　　　　B. 目的的社会性
C. 享受主体的广泛性　　　　　　　D. 义务的社会化
E. 权利的社会化

2. 社会保障的特征包括（　　）。
A. 广泛的社会性　　　　　　　　　B. 严格的法定性
C. 实体法和程序法的统一性　　　　D. 较高的立法技术性
E. 权利和义务的一致性

3. 社会保障法律关系的主体包括（　　）。
A. 国家　　　　　　　　　　　　　B. 政府
C. 用人单位　　　　　　　　　　　D. 社会保障实施机构
E. 社会成员或劳动者

4. 社会保障法的渊源包括（　　）。
A. 宪法　　　　　　　　　　　　　B. 法律
C. 行政法规和部门规章　　　　　　D. 地方性法规和地方政府规章
E. 国际条约

5. 下列文件中属于社会保障法律的是（　　）。
A.《社会保险法》　　　　　　　　B.《自然灾害救助条例》
C.《军人保险法》　　　　　　　　D.《残疾人保障法》
E.《上海市老年人权益保障条例》

6. 社会保障法的基本原则包括（　　）。
A. 保障基本生活需要原则　　　　B. 提高生活质量原则
C. 普遍性与差异性相结合原则　　D. 公平优先兼顾效率原则
E. 国家与社会公担责任原则

7. 关于社会保障法的理念，下列说法正确的是（　　）。
A. 社会保障法切实关怀社会成员　　B. 社会保障法维护社会公平和实质正义
C. 社会保障法保障社会稳定与安全　D. 社会保障法注重公平，忽视效率
E. 社会保障法强调效率优先

8. 传统社会保障时期经历了（　　）阶段。
A. 社会救助　　B. 社会保险　　C. 萌芽　　D. 慈善
E. 济贫

9. 现代社会保障时期经历了（　　）阶段。
A. 社会救助　　B. 社会保险　　C. 社会福利　　D. 慈善
E. 济贫

四、判断题

1. 传统的社会保障时期经历了萌芽阶段、慈善阶段和济贫时期三个历史阶段。现代社会保障时期分成三个阶段，即从最低保障——社会救助、基本保障——社会保险，发展到最高保障——社会福利，直至形成完整的社会保障体系。（　　）

2. 19世纪80年代，社会保障制度进入质的飞跃阶段，标志是作为社会保障制度的基本项目——社会救济事业出台。（　　）

3. 调整社会保障关系的规范性法律文件都属于狭义的社会保障法；在形式上冠以与社会保障内容有关的规范性法律文件则属于广义的社会保障法。（　　）

4. 社会保障法与社会保障之间是相互依存的关系。社会保障法的存在以社会保障的存在为前提，没有社会保障就没有社会保障法。（　　）

5. 从现行的社会保障法律的内容来看，无论是社会保障的对象、社会保障资金的筹集、发放、运营以及社会保障责任的承担都由法律严格规定，任何组织和个人都必须遵守。（　　）

6. 社会保障法调整的社会关系的复杂性决定了社会保障法是单一的实体法。（　　）

7. 社会保障法的调整对象，就是社会保障法调整的社会保障主体之间所形成的社会保障关系以及与之相关的其他社会关系，是以国家、社会组织与全体社会成员为主体，为保证社会保障目的实现而发生的各类社会关系的总称。（　　）

8. 社会保障法以保障社会成员的发展权为出发点，体现了人权关怀的人文精神。社会保障法通过制定社会救助、社会保险以及社会福利等法律，使得社会成员在年老、疾病、失业、工伤、生育或面临一系列自然风险和自然灾害时，都可以从国家或社会那里获得最基本的物质生活资料，以实现"老有所终、壮有所养、幼有所长、鳏寡孤独废疾者皆有所养"。（　　）

9. 与传统的社会保障对弱势群体的恩赐与施舍不同，现代社会保障强调为社会成员提

供保障是国家和社会应尽的法律责任。（　　）

10. 公平正义是中国特色社会主义的本质属性,是中国特色社会主义的内在要求,而平等是社会主义追求的理想目标,是社会主义法律的基本属性。（　　）

11. 社会保障法通过救助遭遇不幸或失去工作能力的贫困者,保障他们最基本的生活需要,以化解社会矛盾,消除不安全因素,最终达到维护社会稳定的目的。（　　）

12. 从人类最初萌发的慈善思想到保障社会成员的生存权成为国家和社会应尽的义务,标志着现代意义的社会保障法的产生。（　　）

13. 英国的威廉·贝弗里奇爵士在《社会保险及相关服务》中第一次提出了保障基本生活需要原则。（　　）

14. 西方国家的"效率危机"表明,过分强调公平,忽视效率,滋生了慵懒以及搭便车心理,不仅违背了社会保障立法的本意,还挫伤了创造财富的劳动者的劳动积极性。兼顾效率可以为实现公平提供物质支持。（　　）

15. 社会保障责任承担主体的变化体现了社会保障制度由初创、发展、成熟、反思到平稳发展的演进史。事实证明,由政府单独承担社会保障的开支比由政府和社会共同承担更具科学性和合理性。（　　）

五、名词解释

1. 社会保障法
2. 社会保障法的基本原则

六、简答题

1. 简述社会保障法的基本特征。
2. 简述社会保障法调整对象的内容。

七、论述题

试述社会保障法的理念。

参 考 答 案

一、填空题

1. 传统社会保障时期　现代社会保障时期
2. 萌芽阶段　慈善阶段　济贫时期
3. 《济贫法》
4. 社会保障法
5. 国家　政府
6. 生存权
7. 生存　发展
8. 普遍性　差异性
9. 社会保障法的渊源
10. 人权原则的确立

二、单项选择题

1. A 2. B 3. A 4. B 5. C 6. D 7. A 8. D 9. C 10. C

三、多项选择题

1. BCD 2. ABCD 3. ABCDE 4. ABCDE 5. ACD 6. ACDE 7. ABC 8. CDE
9. ABC

四、判断题

1. 正确 2. 错误 3. 错误 4. 正确 5. 正确 6. 错误 7. 正确 8. 错误 9. 正确
10. 正确 11. 正确 12. 正确 13. 错误 14. 正确 15. 错误

五、名词解释

1. 社会保障法：是指调整和规范各种社会保障关系和社会保障行为规则的具有典型社会法属性的法律规范的总称。

2. 社会保障法的基本原则：是指贯穿社会保障法律的始终，对社会保障法律规范起主导作用的集中反映社会保障法本质的根本准则。

六、简答题

1. 简述社会保障法的基本特征。

答：社会保障法作为现代法律制度体系的组成部分之一，既有一般部门法的特征，又具有自身的独特性。其基本特征包括：

（1）广泛的社会性；

（2）严格的法定性；

（3）实体法和程序法的统一性；

（4）较高的立法技术性。

2. 简述社会保障法调整对象的内容。

答：社会保障法调整对象的内容如下：

（1）国家和社会成员之间的关系；

（2）社会保障机构与国家或政府之间的关系；

（3）社会保障机构与企业、社会团体单位之间的关系；

（4）社会保障机构与社会成员之间的关系；

（5）社会保障运行过程中的关系；

（6）用人单位与劳动者个人之间的社会保障关系。

七、论述题

试述社会保障法的理念。

答：现代法律既关注个人权利的保护，又注重社会整体利益的实现。它在鼓励社会成员进行正当竞争的同时并不排斥其追求个人利益。与此同时，现代法律也对社会弱势群体给予关怀。法律理念的进步和发展为社会保障法的产生奠定了理论基础。

1. 体现了社会保障法对社会成员人权的切实关怀

生存权是人权中最基本的权利。人权思想始终与社会保障法的产生之间有着密切的关系。人权思想是社会保障法产生和发展的理论支撑，社会保障的实践对人权内涵的丰富和发展起到了促进作用。只有保障人们获得最基本的生存条件和人格尊严,人们才能在社会中生存下来。社会保障法以保障社会成员的生存权为出发点,体现了人权关怀的人文精神。

社会保障法实现了对弱势群体生存权全面和有效的保障。社会保障法中的社会保险可以有效地解除劳动者的后顾之忧,使得弱势群体分享社会经济的发展成果。社会保障法中的社会福利则为弱势群体提供了享有更多福利的机会。关注保障民生,为人类谋福祉是社会保障法的核心理念。与传统的社会保障对弱势群体的恩赐与施舍不同,现代社会保障法则强调为社会成员提供保障是国家和社会应尽的法律责任。

2. 体现了社会保障法对社会公平和实质正义的维护

由于能力禀赋的不同,导致社会成员对资源的占有体现出较大的差异,也形成了现实的不平等和利益的不平衡。社会保障制度通过财富的再分配,使得财富从富人向穷人转移,可以缩小贫富差距,对不平衡的利益进行修正从而实现个体的平等。公平正义是中国特色社会主义的本质属性,是中国特色社会主义的内在要求,而平等是社会主义追求的理想目标,是社会主义法律的基本属性。社会保障法强调对民生的关注以及公共利益的维护,其目标是实现社会公平并促进社会的全面发展。社会保障法的宗旨是反对歧视并向弱者倾斜,满足弱势群体的生存和发展需要。

正义是人类社会的崇高理想,正如罗尔斯所说,正义是社会制度的首要价值。罗尔斯把正义分为实质正义、形式正义和程序正义三类。所谓实质正义,是关于社会的实体目标和个人的实体性权利与义务的正义。社会保障法作为经济法的组成部分,同样把追求实质正义作为自身的价值追求。社会保障法通过国家干预的形式,克服了市场分配造成机会的不均等和收入的不平等现象,社会保障法侧重于追求实质正义。

3. 体现了社会保障法对社会稳定与安全的保障

经济的发展和社会的进步依赖于社会的稳定。人类的生存和发展离不开安全的社会环境。安全与正义都是法律追求的价值目标。社会保障法也毫不例外地把保障社会成员的生活安全作为自身的价值追求。当社会上弱势群体的生存权受到威胁时,社会秩序和社会的稳定就会受到影响,进而引发社会的安全问题。社会保障法通过救助遭遇不幸或失去工作能力的贫困者,保障他们最基本的生活需要,以化解社会矛盾,消除不安全因素,最终达到维护社会稳定的目的。

第二章
社会保险法律制度

本章知识重点提示
- 社会保险与商业保险的关系
- 我国的养老保险制度
- 我国的医疗保险制度
- 我国的工伤保险制度
- 我国的失业保险制度
- 我国的生育保险制度

一、填空题

1. 社会保险主要是通过筹集_____,并在一定的范围内对社会保险基金_____至劳动者或城乡居民遭遇风险时_____。

2. 社会保险是社会保障制度中的_____。

3. 所谓_____,是指利用_____,满足某一个遇到风险的人的生活急需,以帮助其渡过难关,化解危机。

4. 社会保险与商业保险不同,商业保险具有_____,但社会保险则是_____。

5. 社会保险费用是由_____三个方面共同承担的;而商业保险的费用是由_____承担的。

6. _____是指为解决劳动者在达到国家规定的解除劳动义务的劳动年龄界限,或因年老丧失劳动能力退出劳动岗位后的基本生活而建立的一种_____。

7. 在社会保险的五个险种中,_____所涉及的范围最广、享受的对象最多、时间较长,而且支出的费用非常庞大,因此是_____的保险项目。

8. 我国的基本养老保险制度覆盖了_____。

9. 《中华人民共和国社会保险法》规定,职工应当参加_____,由_____共同缴纳基本养老保险费。用人单位应当按照国家规定的本单位职工工资总额的比例缴纳基本养老保险费,记入_____。职工应当按照国家规定的本人工资的比例缴纳基本养老保险费,记入_____。

10. 根据国务院《关于建立统一的城乡居民基本养老保险制度的意见》规定,城乡居民养老保险基金由_____、_____、_____构成。

11. 《中华人民共和国社会保险法》规定,_____、_____以及_____

可以参加职工基本医疗保险,由个人按照国家规定缴纳基本医疗保险费。

12. 城镇职工医疗保险建立_____和_____。

13. 工伤保险是指劳动者_____或_____,造成暂时或永久丧失劳动能力时,劳动者本人或其遗属从国家或用人单位获得物质补偿的一项社会保险制度。

14. 工伤保险基金由_____、_____和_____构成。

15.《社会保险法》规定,职工应当参加失业保险,由_____按照国家规定共同缴纳失业保险费。

16.《社会保险法》规定,职工应当参加生育保险,由_____按照国家规定缴纳生育保险费,职工_____。

二、单项选择题

1.（　　）不是社会保险和商业保险的联系。
 A. 二者都具有保险的一般特征　　B. 保险基金的保值增值
 C. 二者具有互补性　　D. 目的相同

2. 养老保险属于（　　）社会保险。
 A. 强制性
 B. 自愿性
 C. 自愿和强制相结合
 D. 经用人单位和劳动者达成一致,可以不缴纳

3.（　　）是实行收入关联型的养老保险制度模式的主要代表国家。
 A. 英国　　B. 日本　　C. 美国　　D. 瑞士

4. 福利国家采取全民福利型养老保险模式,以（　　）为代表。
 A. 英国　　B. 日本　　C. 美国　　D. 瑞士

5. 强制储蓄型养老保险制度模式实行个人账户积累的原则,以（　　）为代表。
 A. 英国　　B. 新加坡　　C. 美国　　D. 瑞士

6. 参加城乡居民养老保险的个人,年满60周岁、累计缴费满（　　）年,且未领取国家规定的基本养老保障待遇的,可以按月领取城乡居民养老保险待遇。
 A. 10　　B. 15　　C. 20　　D. 25

7.《中华人民共和国社会保险法》规定,参加职工基本医疗保险的个人,达到法定退休年龄时累计缴费达到国家规定年限的,退休后（　　）,按照国家规定享受基本医疗保险待遇。
 A. 不再缴纳基本医疗保险费
 B. 按一定比例缴纳基本医疗保险费
 C. 继续缴纳基本医疗保险费
 D. 根据实际情况缴纳基本医疗保险费

8.（　　）不属于工伤保险的原则。
 A. 强制性原则　　B. 过错原则
 C. 无过错补偿原则　　D. 个人不缴费原则

9. 职工因（　　）导致本人在工作中伤亡的,不认定为工伤。
 A. 故意犯罪
 B. 患职业病的

C. 在工作时间和工作场所内,因工作原因受到事故伤害的

D. 在工作时间和工作岗位,突发疾病死亡或者在 48 小时之内经抢救无效死亡的

10. 失业人员累计缴费十年以上的,领取失业保险金的期限最长为(　　)个月。

A. 6　　　　　　B. 12　　　　　　C. 18　　　　　　D. 24

三、多项选择题

1. 社会保险的特征包括(　　)。

A. 普遍性　　　　B. 互助共济性　　　C. 强制性　　　　D. 非营利性

E. 营利性

2. 养老保险的特征包括(　　)。

A. 强制性　　　　B. 互济性　　　　C. 社会性　　　　D. 营利性

E. 普遍性

3. 医疗保险的特征包括(　　)。

A. 保险待遇的差异性　　　　　　　B. 保险对象受益的长期性

C. 涉及各方关系的复杂性　　　　　D. 医疗保险的福利性

E. 营利性

4. 下列情形中属于认定为工伤的是(　　)。

A. 在工作时间和工作场所内,因工作原因受到事故伤害的

B. 工作时间前后在工作场所内,从事与工作有关的预备性或者收尾性工作受到事故伤害的

C. 在工作时间和工作场所内,因履行工作职责受到暴力等意外伤害的

D. 患职业病的

E. 因工外出期间,由于工作原因受到伤害或者发生事故下落不明的

5. 下列情形中属于不能认定工伤的是(　　)。

A. 在工作时间和工作岗位,突发疾病死亡或者在 48 小时之内经抢救无效死亡的

B. 在抢险救灾等维护国家利益、公共利益活动中受到伤害的

C. 故意犯罪

D. 醉酒或者吸毒

E. 自残或者自杀

6. 工伤保险的给付待遇包括(　　)。

A. 医疗待遇

B. 康复待遇和使用辅助器具待遇

C. 停工留薪期待遇

D. 生活护理待遇

E. 伤残待遇

7. 失业保险基金由(　　)组成。

A. 城镇企业事业单位缴纳的失业保险费

B. 职工缴纳的失业保险费

C. 失业保险基金的利息

D. 财政补贴

E. 依法纳入失业保险基金的其他资金

8. 失业人员符合（　　　　），从失业保险基金中领取失业保险金。
  A. 失业前用人单位和本人已经缴纳失业保险费满1年的
  B. 非因本人意愿中断就业的
  C. 已经进行失业登记，并有求职要求的
  D. 因本人意愿中断就业的
  E. 失业前用人单位和本人已经缴纳失业保险费满2年的

9. 失业人员在领取失业保险金期间有（　　　　）情形之一的，停止领取失业保险金，并同时停止享受其他失业保险待遇。
  A. 重新就业的　　　　　　　　　B. 应征服兵役的
  C. 移居境外的　　　　　　　　　D. 享受基本养老保险待遇的
  E. 无正当理由，拒不接受当地人民政府指定部门或者机构介绍的适当工作或者提供的培训的

10. 根据《社会保险法》的规定，生育保险待遇包括（　　　　）。
  A. 生育医疗费用　　　　　　　　B. 生育津贴
  C. 产检费　　　　　　　　　　　D. 生育期间护理费
  E. 产检交通费

四、判断题

1. 社会保险是指当参加社会保险的劳动者或参加城乡居民社会保险的居民，发生年老、疾病、失业、生育等风险而暂时或永久丧失劳动能力，丧失生活来源或收入减少时，由国家给予必要的补偿，以确保其基本生活需要的一项社会保障制度。（　　）

2. 缴纳了城乡社会保险的居民不可以享受社会保险待遇。（　　）

3. 与"保险"一词对应的是风险，有风险才需要有保险；没有风险，则保险无从谈起。社会保险作为国家关于风险管理的一项基础性制度安排，要充分重视风险管理的方法，尤其是要坚持互助共济性。（　　）

4. 个体工商户有雇工的，双方协商一致，可以不缴纳社会保险。（　　）

5. 社会保险和商业保险的运营是通过两个不同的风险经营体系进行的，它们之间必然具有明显的区别，但相互之间没有任何联系。（　　）

6. 社会保险的待遇标准是社会保险法规定的；商业保险的待遇是在投保人投保时根据投保费用的多少和投保的时间长短决定的。（　　）

7. 社会保险关系中的受益人是依法有权获得社会保险给付的人，即生存的被保险人和其死后有权领取津贴的法定亲属；商业保险的受益人是在人身保险合同中由被保险人或者投保人指定的享有保险金请求权的人。（　　）

8. 以1951年颁布并实施《中华人民共和国劳动保险条例》为标志，新中国建立的是以传统社会主义公有制为基础且纳入高度集中的计划体制的劳动保险制度。（　　）

9. 用人单位和劳动者协商一致后，可以不用缴纳养老保险。（　　）

10. 养老保险的资金是根据平均数法则统一筹集，在全社会范围内统一使用，并依靠全社会的力量分担风险。（　　）

11. 在社会保险的五个险种中，养老保险涉及的范围最广、享受的对象数量最多、时间较长，而且支出的费用非常庞大，因此是社会影响力最大的保险项目。（　　）

12.《中华人民共和国社会保险法》规定,职工应当参加基本养老保险,由用人单位和职工共同缴纳基本养老保险费。用人单位应当按照国家规定的本单位职工工资总额的比例缴纳基本养老保险费,记入个人账户。（　　）

13.《中华人民共和国社会保险法》规定,个人跨统筹地区就业的,其基本养老保险关系随本人转移,缴费年限累计计算。（　　）

14. 企业年金是指企业及其职工在依法参加基本养老保险的基础上,自主建立的补充养老保险制度。（　　）

15. 参加医疗保险的对象在患病时,可以享受医疗保险待遇。因为病情的不同,患者所获得的补偿待遇也不同。这种待遇是定额的,待遇的多少与患者所花费的医疗费无关,而与患者之前缴纳的医疗保险费的数额有关。（　　）

16. 职工基本医疗保险的覆盖范围包括在中国境内就业的全部自然人。（　　）

17. 工伤保险费全部由用人单位和劳动者共同缴纳。（　　）

18. 劳动者超过法律规定的时间仍然没有实现再就业的,可以继续享受失业保险待遇。（　　）

五、名词解释

1. 社会保险
2. 养老保险
3. 企业年金
4. 工伤保险
5. 生育保险

六、简答题

1. 简述社会保险的特征。
2. 简述社会保险和商业保险的联系。
3. 简述企业年金待遇的领取条件。
4. 简述工伤保险的原则。

七、论述题

1. 试述社会保险和商业保险的区别。
2. 试述工伤的认定。

八、案例分析题

案例 1　徐某是某管业公司职工,其与公司一直没有签订书面劳动合同,某管业公司也没有依法给徐某缴纳工伤保险,但公司按时将每月 2 700 元左右的工资发到他手上。2020 年 8 月 25 日,徐某在某管业公司铸造车间工作时,被铁水溅入双眼受伤,同日入住中国人民解放军第八十九医院治疗,诊断为角结膜热烧伤,共住院 52 天;后又于 2020 年 10 月 16 日入住潍坊医学院附属医院治疗,诊断为角膜烧伤、睑球粘连、角膜变性,共住院 19 天;徐某又于 2021 年 4 月 30 日入住潍坊眼科医院治疗,诊断为睑球粘连(左)、陈旧性热烧伤(左),共住院 78 天。2021 年 7 月 28 日,徐某向潍坊市经济开发区劳动人事局提出工伤认定申请。该局受理后,作出潍经劳工伤认字[2014]15025 号认定工伤决定书,认为徐某受到的事故伤害符合《工伤保险条例》第 14 条第(一)项之规定,属于工伤认定范围,予以认定为工伤。2021 年 12 月 5 日,潍坊市劳动能力鉴定委员会作出潍劳鉴定[2014]第 14110611 号鉴定结论通知书,确认徐某劳动功能障碍程度为七级,生活自理障碍程度为无生活自理障碍。

请问:在单位没有缴纳工伤保险的情况下,职工是否认定为工伤并享受工伤待遇?

案例 2 刘志奇是湖南美美环境发展实业有限公司的员工,2020 年 3 月 10 日因病向公司请假,但公司不予批准,后带病上班。刘志奇上班时间为早上 6 时到 22 时 30 分,3 月 10 日下班后回到住处休息,3 月 11 日凌晨 7 时许被发现倒在居住的小工具房门口,后经送医院抢救无效死亡。

请问:刘志奇的死亡是否可以认定为工伤?请说明理由。

案例 3 2021 年 4 月 20 日 9 时,石家庄市某百货商场举行隆重的第一届购物节开幕仪式。省市领导、嘉宾、新闻单位和群众聚集在商场门前广场,穿着节日服装的人群和五彩缤纷的气球在涌动,以喜悦的心情迎接这美好时刻的来临。然而意外事故发生了,礼仪小姐手中正待放飞的氢气球被一旁点燃的鞭炮燃着,上百个五颜六色的氢气球接连燃烧爆炸,造成刘春艳等五名礼仪小姐烧伤。这五名受伤人员均是该商场的基层业务骨干,分别担任各柜台的业务组长。她们是商场领导为这次庆祝活动临时挑选出来担任礼仪小姐的,刘春艳等五名职工并非站柜台负伤,而是因从事领导临时指定的工作负伤。

请问:这种情形是否属于工伤?

案例 4 2020 年 11 月 25 日下午下班时,商贸公司财务室会计徐芳突然接到公司调动通知,让其第二天上午到公司下属商场报到上班。徐芳当晚在办公室整理账务和个人物品,22 时离开单位骑车回家,当行至地道桥下,被突如其来的摩托车撞倒在地,肇事者扬长而去。恰巧路过的人发现,将她送到医院,并报告当地派出所。经医生检查诊断,徐头部受伤,右腿粉碎性骨折。事后,徐芳亲属向单位申请要求按照上下班途中发生交通事故认定工伤,单位以徐芳当晚在办公室整理私人用品与工作无关为由,认定徐 22 时离开单位回家,已超出规定的下班时间,并拒绝其工伤申请。事隔两个月后,终经公安部门缉查破案,肇事摩托车司机供出事实真相。缘由是徐芳曾向纪检部门反映本公司经理王伟经济违纪问题,王被纪检部门查处,因此怀恨在心,雇用打手指使其所为。王伟已被司法部门收审。

请问:徐芳是否应认定为工伤?

案例 5 2020 年 3 月 13 日凌晨 4 时许,合山市电力公司职工谢某在上完夜班回家时,途径南柳二级公路合山市东矿路段旁,因意外交通事故死亡。事后,谢某所在公司按非因公死亡发给其直系亲属一定的补助费和抚恤金。但其妻子和父亲认为,谢某是在下班途中发生意外事故死亡,且死在工作单位所属的场所范围内,应该按工伤死亡处理,于是向该市劳动部门申请工伤认定。劳动部门调查后认为,谢某家人提供的材料均无法证明其当晚曾到单位值过班,况且死亡的地点不是在工作场所范围内,也不是在下班途中,而是死在距下班线路往北约两公里处的另一条公路旁。依据《工伤条例》有关条款的规定,对谢某的死亡不予认定为工伤。谢妻和谢父不服,向合山市人民政府申请行政复议,请求撤销该局对谢某的工伤认定,但未获得支持。谢妻和谢父于是将合山市劳动和社会保障局告上法庭,请求法院撤销合山市政府对该案的行政复议决定及合山市劳动局对谢某的工伤认定决定,判令谢某的死亡属于工伤死亡。

请问:谢某是否应认定为工伤?

参 考 答 案

一、填空题

1. 社会保险基金　实行统筹调剂　给予必要的帮助
2. 核心内容
3. 互助共济　利用参加社会保险成员的合力
4. 营利的性质　以执行公共政策为目的的
5. 政府、用人单位和个人　投保人
6. 养老保险　社会保险制度
7. 养老保险　社会影响力最大
8. 我国城乡全体居民
9. 基本养老保险　用人单位和职工　基本养老保险统筹基金　个人账户
10. 个人缴费　集体补助　政府补贴
11. 无雇工的个体工商户　未在用人单位参加职工基本医疗保险的非全日制从业人员　其他灵活就业人员
12. 基本医疗保险统筹基金　个人账户
13. 患职业病　在生产和工作过程中遭遇意外伤害后
14. 用人单位缴纳的工伤保险费　工伤保险基金的利息　依法纳入工伤保险基金的其他资金
15. 用人单位和职工
16. 用人单位　不缴纳生育保险费

二、单项选择题

1. D　2. A　3. C　4. D　5. B　6. B　7. A　8. B　9. A　10. D

三、多项选择题

1. ABCD　2. ABC　3. ABCD　4. ABCDE　5. CDE　6. ABCDE　7. ABCDE
8. ABC　9. ABCDE　10. AB

四、判断题

1. 正确　2. 错误　3. 正确　4. 错误　5. 错误　6. 正确　7. 正确　8. 正确　9. 错误　10. 错误　11. 正确　12. 错误　13. 正确　14. 正确　15. 错误　16. 正确　17. 错误　18. 错误

五、名词解释

1. 社会保险：是指当参加社会保险的劳动者或参加城乡社会保险的居民，发生年老、疾病、失业、生育等风险而暂时或永久丧失劳动能力，丧失生活来源或收入减少时，由国家给予必要的补偿，以确保其基本生活需要的一项社会保障制度。
2. 养老保险：是指为解决劳动者在达到国家规定的解除劳动义务的劳动年龄界限，或因年老丧失劳动能力退出劳动岗位后的基本生活而建立的一种社会保险制度。

3. 企业年金：是指企业及其职工在依法参加基本养老保险的基础上，自主建立的补充养老保险制度。

4. 工伤保险：是指劳动者患职业病或在生产和工作过程中遭遇意外伤害后，造成暂时或永久丧失劳动能力时，劳动者本人或其遗属从国家或用人单位获得物质补偿的一项社会保险制度。

5. 生育保险：是指国家通过社会保险立法，对因怀孕、分娩和哺乳而暂时中止劳动的女职工给予物质帮助的一项社会保险制度。

六、简答题

1. 简述社会保险的特征。

答：社会保险的特征如下：

（1）普遍性。社会保险的普遍性也称为社会性，是指社会保险在实施的范围上具有广泛性。按社会保险的普遍性要求，社会保险是在全社会普遍实施的。

（2）互助共济性。所谓互助共济，是指利用参加社会保险成员的合力，满足某一个遇到风险的人的生活急需，以帮助其渡过难关，化解危机。

（3）强制性。社会保险的强制性是指社会保险由国家立法限定，强制用人单位和职工参加。社会保险的强制性主要体现在：社会保险法是国家强制性的法律规范。用人单位和职工个人都必须严格遵守。

2. 简述社会保险与商业保险的联系。

答：社会保险与商业保险的联系如下：

（1）二者都具有保险的一般特征。风险的射幸特征决定了互助共济能够在风险处理中发挥作用。社会保险与商业保险都具有互助共济的特点。

（2）保险基金的保值增值。无论是社会保险基金还是商业保险基金，保值增值都具有重要的意义。保险基金管理者总是希望保险基金能够保值增值。

（3）二者具有互补性。社会保险和商业保险的互补性表现在实施方式上的互补性、服务对象上的互补性以及两者发挥作用上的互补性。

3. 简述企业年金待遇的领取条件。

答：符合下列条件之一的，可以领取企业年金：

（1）职工在达到国家规定的退休年龄或者完全丧失劳动能力时，可以从本人企业年金个人账户中按月、分次或者一次性领取企业年金，也可以将本人企业年金个人账户资金全部或者部分购买商业养老保险产品，依据保险合同领取待遇并享受相应的继承权；

（2）出国（境）定居人员的企业年金个人账户资金，可以根据本人要求一次性支付给本人；

（3）职工或者退休人员死亡后，其企业年金个人账户余额可以继承。

未达到上述企业年金领取条件之一的，不得从企业年金个人账户中提前提取资金。

4. 简述工伤保险的原则。

答：工伤保险的原则如下：

（1）强制性原则。

国家通过立法，强制雇主对劳动者的职业病或工伤事故负责。

(2) 无过错补偿原则。

发生工伤后,在确定不是劳动者故意所为的情况下,无论用人单位是否有过错,也不管劳动者是否有过错,劳动者都可以向用人单位请求获得补偿,用人单位则应该根据法律规定的标准对劳动者进行经济补偿。

(3) 劳动者个人不缴费原则。

工伤保险与养老保险、医疗保险和失业保险的区别之一在于劳动者个人不需要缴费。工伤保险费全部由用人单位或雇主缴纳。

(4) 工伤补偿与工伤预防、工伤康复相结合的原则。

工伤补偿是工伤保险的首要任务,但工伤保险也强调工伤预防和工伤康复。工伤补偿、工伤预防和工伤康复三者密切相关。工伤保险致力于采取各种措施,减少或预防工伤事故的发生,这就是工伤预防。工伤事故发生后,对劳动者进行经济补偿,给予伤者或其家属在生活上的保障则属于工伤保险的基本功能。与此同时,对伤者进行康复治疗,使其尽快恢复劳动能力则属于工伤康复的内容。现代工伤保险制度呈现出补偿、预防和康复三位一体的特点。

七、论述题

1. 试述社会保险与商业保险的区别

答:社会保险与商业保险的区别如下:

(1) 目的和性质不同。

社会保险的目的在于为劳动者提供基本生活保障,以达到维护社会稳定的目标,具有非营利性;商业保险是由商业保险公司开展的以营利为目的的金融活动。社会保险具有强制性;商业保险具有自愿性。

(2) 费用负担和待遇标准不同。

社会保险费用是由政府、用人单位和个人三个方面共同承担的;商业保险的费用是由投保人承担的。社会保险的待遇标准是社会保险法规定的;商业保险的待遇是在投保人投保时根据投保费用的多少和投保的时间长短决定的。

(3) 保险关系的当事人不同。

首先,保险人的性质不同。社会保险关系中的保险人是法定的社会保险经办机构,属于事业法人机构;商业保险的保险人是保险公司,属于企业法人。其次,投保人不同。社会保险是由国家、用人单位和劳动者共同承担保费的,三者都是投保人;商业保险的投保人是与保险人订立保险合同负有支付保险费义务的人。最后,受益人不同。社会保险关系中的受益人是依法有权获得社会保险给付的人,即生存的被保险人和其死后有权领取津贴的法定亲属;商业保险的受益人是在人身保险合同中由被保险人或者投保人指定的享有保险金请求权的人。

2. 试述工伤的认定。

答:《工伤保险条例》规定了 7 种认定工伤的情形和 3 种视同工伤的情形;《中华人民共和国社会保险法》规定了 4 种不能认定为工伤的情形。

(1) 认定为工伤的情形。

① 在工作时间和工作场所内,因工作原因受到事故伤害的;

② 工作时间前后,在工作场所内从事与工作有关的预备性或者收尾性工作受到事故伤

害的；

③ 在工作时间和工作场所内，因履行工作职责受到暴力等意外伤害的；

④ 患职业病的；

⑤ 因工外出期间，由于工作原因受到伤害或者发生事故下落不明的；

⑥ 在上下班途中，受到非本人主要责任的交通事故或者城市轨道交通、客运轮渡、火车事故伤害的；

⑦ 法律、行政法规规定应当认定为工伤的其他情形。

(2) 视同工伤的情形。

① 在工作时间和工作岗位，突发疾病死亡或者在48小时之内经抢救无效死亡的；

② 在抢险救灾等维护国家利益、公共利益活动中受到伤害的；

③ 职工原在军队服役，因战、因公负伤致残，已取得革命伤残军人证，到用人单位后旧伤复发的。

(3) 不能认定工伤的情形。

职工因下列情形之一导致本人在工作中伤亡的，不认定为工伤：

① 故意犯罪；

② 醉酒或者吸毒；

③ 自残或者自杀；

④ 法律、行政法规规定的其他情形。

八、案例分析题

案例1 答：在现实生活中，不少用人单位从节约用工成本的角度出发，不给劳动者缴纳工伤保险，导致职工无法享受工伤保险待遇，但这不影响职工的工伤保险权益，工伤职工产生的符合规定的费用由用人单位支付。

工伤保险属于应由用人单位缴纳的社会保险，可能在一定程度上增加用人单位的用工成本，但同时也降低了用人单位的用工风险，进而减少因工伤赔偿责任给企业带来的经济损失，用人单位应按法律规定为劳动者缴纳工伤保险。若未缴纳，一旦劳动者构成工伤，用人单位需按法律规定向劳动者支付工伤保险待遇。

案例2 答：刘志奇的死亡属于视同工伤的情形。《工伤保险条例》第15条第1款第(1)项规定："职工在工作时间和工作岗位，突发疾病死亡或者在48小时之内经抢救无效死亡的，视同工伤。"本案中，刘志奇生前系湖南美美环境发展实业有限公司的员工，工作时间为6时到22时30分。刘志奇病发当日处于工作时间和工作岗位，因请假未获批准，其带病坚持到下班后回到住处休息，次日凌晨7时许被发现倒在居住的小工具房门口，后经送医院抢救无效死亡，其死亡距离病发未超过48小时。刘志奇从发病、请假、倒地、送医院抢救到死亡整个过程具有连贯性，病情一直持续到死亡。所以，刘志奇的病亡符合上述法律规定，应当认定为视同工伤。

案例3 答：《工伤保险条例》第15条第2款规定，职工由于从事本单位日常生产、工作或者本单位负责人临时指定的工作的，在紧急情况下，虽未经本单位负责人指定但从事直接关系本单位重大利益的工作负伤、致残、死亡的，应当认定为工伤。此类案例认定工伤的条件：一是经本单位负责人或职工直接行政领导(班组、车间及以上负责人)指派；二是从事指派的临时工作有利于企业正常生产、经营或者有利于国家、社会利益。本案例中刘春艳等五名职工工作岗位是各柜组组长,商场为举办购物节开幕仪式,负责人临时抽调她们担当礼仪小姐,是企业行政行为,她们所从事的礼仪工作也属企业经营活动。因此,她们在开幕仪式上因气球爆炸负伤应认定为工伤。

案例 4 答:《工伤保险条例》第 14 条第 2 款规定,职工因履行职责遭致人身伤害,应当认定为工伤。徐芳受伤认定为工伤符合现行法律规定。徐芳是财会人员,履行职责,坚持原则,同违法违纪行为作斗争,既是本职工作,也是我们党和政府一贯倡导的社会正义行为。职工敢于反映和揭露违法违纪现象,并勇于与正在进行危害国家利益和人民生命财产的犯罪行为作斗争,是每个公民的社会义务,应受到法律保护。本案中徐芳勇于向纪检部门反映公司经理的经济违纪问题,维护了企业和国家的经济利益,遭受公司经理王伟打击报复受伤,应认定为工伤并享受工伤待遇。

案例 5 答:合山市法院经审理查明,谢某生前是合山市电力公司职工,住该公司大院宿舍区,在距离公司约 10 公里外的北泗供电所上班。事发当天下午,谢与同在本所值班的韦某协商换值夜班,但当晚谢是否到供电所值班或外出处理事故均无记载,次日凌晨 6 时许被发现尸体,其死亡地点既不在工作范围之内,又不在上下班途中。因此,一审法院认为,合山市劳动部门认定谢某的死亡不属工伤的决定事实清楚、证据充分。法院维持该局对谢某死亡的处理决定,驳回原告的其他诉讼请求。

第三章
社会福利制度

本章知识重点提示
➢ 社会福利的种类
➢ 我国职业福利的基本内容
➢ 特殊群体福利及其相关规定

一、填空题

1. 未成年人福利是国家和社会为保护未成年人的特殊利益、满足未成年人的特殊需要而设立的_____和_____。

2. _____、_____和_____招用未满16周岁的未成年人，必须依照国家有关规定，履行审批手续，并保障其接受义务教育的权利。

3. 《中华人民共和国义务教育法》规定，国家实行_____。

4. 我国传染病防治法明确规定，我国对儿童实行_____。

5. 根据《女职工劳动保护特别规定》，用人单位应当加强_____，采取措施改善_____，对女职工进行_____。

6. 妇女在产假期间享受_____，女职工怀孕未满_____流产的，享受_____产假。

7. 为了保障老年人基本的医疗需求得到实现，我国建立了_____。

8. 国家积极发展老年教育，鼓励社会兴办_____。

9. _____以上的老年人到医疗机构就医，予以优先。

10. _____是指国家和社会为残疾人在生活、工作、教育、医疗和康复等方面所提供的设施、条件和服务。

二、单项选择题

1. 下列不属于社会福利特征的是（　　）。
   A. 享受对象的普遍性　　　　　　B. 权利义务的单向性
   C. 权利义务的一致性　　　　　　D. 关注人们的精神生活需求

2. 社会福利较社会保险而言是（　　）的社会保障制度，它是在国家财力允许的范围内，在既定的生活水平的基础上，尽力提高被服务对象的生活质量。
   A. 较低层次　　　B. 较高层次　　　C. 相同层次　　　D. 最高层次

3. 在农村住房福利制度主要是在宅基地范围内实行的（　　）制度。
   A. 一户一宅　　　B. 经济适用房　　C. 公共租赁房　　D. 住房公积金

4. (　　)第一次提出了经济适用房的概念。

A. 1991年《关于继续积极稳妥地进行城市住房制度改革》

B. 1994年《国务院关于深化城市住房制度改革》

C. 2006年《关于调整住房结构稳定住房价格的意见》

D. 2007年《关于解决低收入家庭住房困难若干意见》

5. 2010年,住建部、发改委等七个部门联合发布的(　　)标志着我国公共租赁住房制度的正式启动。

A.《关于继续积极稳妥地进行城市住房制度改革》

B.《关于加快发展公共租赁住房的指导意见》

C.《公共租赁住房管理办法》

D.《关于解决低收入家庭住房困难若干意见》

6. (　　)是职工所在单位向职工及其家属提供的补贴、设施和服务。

A. 教育福利　　　　　　　　　B. 卫生福利

C. 住房福利　　　　　　　　　D. 职业福利

7.《劳动法》规定,禁止用人单位招用未满(　　)的未成年人。

A. 12周岁　　B. 14周岁　　C. 16周岁　　D. 18周岁

8. 怀孕女职工因保胎需要休息的,由医生开具证明,应(　　)发放工资。

A. 按照病假　　B. 不　　C. 按产假　　D. 打折

9. 农村无劳动能力、无生活来源、无赡养人和扶养人或其赡养人无赡养能力或者扶养能力的老年人,则由(　　)给予五保供养。

A. 国家　　　　　　　　　　　B. 政府

C. 农村集体经济组织　　　　　D. 乡政府

10. 我国全面推进残疾人(　　),支持保障签约医生为残疾人提供基本医疗、公共卫生和健康管理等个性化服务。

A. 居家养老服务　　　　　　　B. 机构养老服务

C. 免费医疗服务　　　　　　　D. 家庭医生签约服务

三、多项选择题

1. 下列属于社会福利特征的是(　　)。

A. 享受对象的普遍性　　　　　B. 权利义务的单向性

C. 权利义务的一致性　　　　　D. 关注人们的精神生活需求

E. 目的在于提高全面的物质生活水平

2. 我国城镇住房福利制度的内容主要有(　　)。

A. "一户一宅"　　　　　　　　B. 经济适用房

C. 公共租赁房　　　　　　　　D. 住房公积金

E. 福利分房

3. 教育福利包括(　　)等内容。

A. 九年制义务教育　　　　　　B. 助学金制度

C. 奖学金制度　　　　　　　　D. 贫困助学工程

E. 高等教育免费

4. 我国的公共福利主要包括（　　）等。
   A. 住房福利　　　　　　　　　　B. 教育福利
   C. 卫生福利　　　　　　　　　　D. 老年人福利
   E. 儿童福利
5. 职业福利的特点包括（　　）。
   A. 强制性　　　　　　　　　　　B. 自主性
   C. 普遍性　　　　　　　　　　　D. 差异性
   E. 一致性
6. 我国的企业职工福利包括（　　）。
   A. 最低生活保障　　　　　　　　B. 社会保险
   C. 福利津贴　　　　　　　　　　D. 福利设施
   E. 福利服务
7. （　　）招用未满16周岁的未成年人，必须依照国家有关规定，履行审批手续，并保障其接受义务教育的权利。
   A. 井下作业　　　　　　　　　　B. 有毒有害作业
   C. 文艺单位　　　　　　　　　　D. 体育单位
   E. 特种工艺单位
8. 除宪法外，（　　）等法律构成了较为完备的儿童福利法律体系。
   A.《未成年人保护法》　　　　　　B.《义务教育法》
   C.《幼儿园管理条例》　　　　　　D.《禁止使用童工的规定》
   E.《教育法》
9. 城市（　　）或（　　）的老年人，由老年人所在地的政府给予救助。
   A. 无劳动能力、无生活来源、无赡养人和扶养人
   B. 其赡养人无赡养能力或者抚养人无扶养能力
   C. 无劳动能力
   D. 无生活来源
   E. 无赡养人
10. 残疾人福利是指国家和社会为残疾人在（　　）等方面所提供的设施、条件和服务。
    A. 生活　　　　B. 工作　　　　C. 教育　　　　D. 医疗
    E. 康复

四、判断题

1. 社会福利的概念有广义和狭义之分。广义的社会福利是指政府和社会提供的提高人们生活质量的措施的总和。广义的福利可以同时满足人们的物质需求和精神需求。我国对社会福利所持的是广义的概念。　　　　　　　　　　　　　　　　　　　　　　　　（　　）
2. 社会福利的一个突出特点是权利和义务的一致性，也就是说享受社会福利的主体在享受权利的同时应该履行相应的义务。　　　　　　　　　　　　　　　　　　　（　　）
3. 我国1951年发布了《关于城市救济福利工作报告》，报告由政府民政部门负责组织实施，保障对象主要是无依无靠的城镇孤寡老人、孤儿或弃婴、残疾人等。　　　（　　）

4. 我国的公共福利主要包括住房福利、教育福利、卫生福利等。（ ）

5. 我国城镇住房福利制度的内容主要包括经济适用房、公共租赁房和住房公积金三个方面。（ ）

6. 教育福利是指以免费或者低费方式向国民提供教育机会和教育条件的社会福利事业。教育福利政策的宗旨在于维护和保障公民的受教育权利，促进教育公平进而深刻影响社会生活的其他领域，推动社会协调全面发展。（ ）

7. 《中华人民共和国义务教育法》规定，国家实行九年义务教育制度。义务教育是国家统一实施的所有适龄儿童、少年必须接受的教育，是国家必须予以保障的公益性事业。实施义务教育，可以收一定数量的杂费。（ ）

8. 《宪法》规定，国家发展医疗卫生事业，发展现代医药和我国传统医药，鼓励和支持农村集体经济组织、国家企业事业组织和街道组织举办各种医疗卫生设施，开展群众性的卫生活动，保护人民健康。（ ）

9. 不同行业的企业因为经营理念以及企业绩效的差异，但员工的职业福利是相同的。（ ）

10. 《劳动法》规定，禁止用人单位招用未满16周岁的未成年人。文艺、体育和特种工艺单位招用未满16周岁的未成年人，必须依照国家有关规定，履行审批手续，并保障其接受义务教育的权利。（ ）

11. 根据《宪法》的规定，妇女与男子平等享有政治、经济、文化以及家庭生活等方面的权利。我国现实中已经真正实现男女平等。（ ）

12. 用人单位不得因女职工怀孕、生育、哺乳而降低其工资、予以辞退、与其解除劳动或者聘用合同。（ ）

13. 为了保障老年人的合法权益，发展老年事业，弘扬中华民族敬老、养老的美德，我国于2006年颁布了《中华人民共和国老年人权益保障法》。这部法律是老年人权益保护和福利增进的基本法。（ ）

14. 我国1999年通过的《中华人民共和国残疾人保障法》保障残疾人合法权益，给予残疾人尽可能多的福利和照顾，使他们能够共享由于劳动和社会发展所带来的物质文化成果。（ ）

15. 国家保护老年人依法享有的合法权益。老年人因合法权益受到侵害而起诉时，可以优先受理；对于缴纳诉讼费有困难的，可以申请缓交或减免；对于需要聘请律师，但无法支付律师费的，可以申请法律援助。（ ）

五、名词解释

1. 公共福利
2. 卫生福利

六、简答题

1. 简述社会福利的特征。
2. 简述职业福利的特征。

七、论述题

试述老年人福利的内容。

参 考 答 案

一、填空题
1. 特殊福利　提供的服务
2. 文艺　体育　特种工艺单位
3. 九年义务教育制度
4. 预防接种证制度
5. 女职工劳动保护　女职工劳动安全卫生条件　劳动安全卫生知识培训。
6. 生育津贴　4个月　15天
7. 多种形式的医疗保险制度
8. 各类老年学校
9. 70周岁
10. 残疾人福利

二、单项选择题
1. C　2. B　3. A　4. A　5. B　6. D　7. C　8. A　9. C　10. D

三、多项选择题
1. ABD　2. BCD　3. ABCD　4. ABC　5. BCD　6. CDE　7. CDE　8. ABCDE
9. AB　10. ABCDE

四、判断题
1. 错误　2. 错误　3. 正确　4. 正确　5. 正确　6. 正确　7. 错误　8. 正确　9. 错误
10. 正确　11. 错误　12. 正确　13. 错误　14. 错误　15. 正确

五、名词解释
1. 公共福利：是指国家和社会兴办的各种公益性设施和提供的各种公益性服务。
2. 卫生福利：是指国家和社会以保障公民身体健康为目的所提供的以医疗和保健为内容的公共福利。

六、简答题
1. 简述社会福利的特征。
答：社会福利的特征如下：
（1）享受对象的普遍性。
社会福利所服务的对象是全体社会成员，因此，社会福利具有普遍性。改善和提高全体社会成员的生活质量是建立社会福利制度的目的所在。全面性的社会福利是全体社会成员都可以享有的。
（2）权利义务的单向性。
社会福利的资金全部来自国家和社会，全体社会成员无需履行义务就可以享受国家和社会免费提供的社会福利待遇。因此，权利义务的单向性是社会福利的特点之一。

(3) 关注人们的精神生活需求。

社会福利较社会保险而言是较高层次的社会保障制度,它是在国家财力允许的范围内,在既定的生活水平的基础上,尽力提高被服务对象的生活质量。社会福利中的教育福利、公益性福利以及老年人福利等,在满足社会成员精神生活需求方面起着非常重要的作用,在提高社会成员的道德素质和文明程度等方面的作用也不容忽视。因此,从社会福利的目的上看,社会福利具有关注人们的精神生活需求的特征。

2. 简述职业福利的特征。

答:职业福利的特征如下:

(1) 自主性。

职业福利作为用人单位的一项员工激励措施,可以自主决定福利项目的内容和福利项目的多少。通过形式多样的福利,不仅可以弥补法定福利的不足,还可以更好地保障员工的生活,进一步激发他们的工作积极性,提高员工和整个单位的工作绩效,进而提高用人单位的市场竞争力。

(2) 普遍性。

同一个用人单位的员工可以享受相同的福利待遇,所有职工享受福利待遇的机会是均等的。福利的普遍性也是公平性的一个重要体现,当员工在公平的环境中工作时,他们会有一种受尊重的感觉,从而愿意更加主动地做好自己的本职工作。

(3) 差异性

不同行业的企业因为经营理念以及企业绩效的差异,员工的职业福利不尽相同。即使是同一行业的企业之间,因为自身各方面因素的不同,职工福利也不相同。选择哪些福利是企业根据自身的发展状况以及员工各方面的特点决定的。

七、论述题

试述老年人福利的内容。

答:老年人福利是以老年人为特殊对象的社会福利项目。为了保障老年人的合法权益,发展老年事业,弘扬中华民族敬老、养老的美德,我国于1996年通过了《老年人权益保障法》。这部法律是老年人权益保护和福利增进的基本法。自1996年以来,以《老年人权益保障法》为主体的老年人福利制度得以确立并得到了发展,老有所养、老有所医、老有所学、老有所乐的老年人福利事业的目标初步得到了实现。我国老年人福利的内容包括以下几项。

(1) 生活福利。

我国建立了养老保险制度,保障老年人的基本生活。老年人依法享有的养老金和其他待遇依法受到保障。农村的老年人养老主要依靠家庭,与此同时,农村也根据自身的实际情况建立了养老保险制度。城市无劳动能力、无生活来源、无赡养人和扶养人或其赡养人无赡养能力或者扶养能力的老年人,由老年人所在地的政府给予救助。农村无劳动能力、无生活来源、无赡养人和扶养人或其赡养人无赡养能力或者扶养能力的老年人,则由农村集体经济组织给予五保供养。

(2) 医疗福利。

为了保障老年人基本的医疗需求得到实现,我国建立了多种形式的医疗保险制度。根据我国的城镇职工医疗保险制度,离退休职工免交医疗保险费。患病的老年人本人和其赡养人无力支付医疗费用的,当地政府可以根据情况给予社会救助。70周岁以上的老年人到医疗机构就医,予以优先。另外,各地面向全社会的老年人提供老年人康复中心、老年医院等设施。

(3) 教育文体福利。

国家积极发展老年教育,鼓励社会兴办各类老年学校。我国各地不仅兴办了专门面向老年人的老年大学,老年人还可以参加普通高等学校的统一考试,成绩达标的,可以在普通高等学校接受教育。老年人通过学习,丰富了生活,增长了知识,陶冶了情操。

国家鼓励、扶持社会组织和个人兴办老年福利院、敬老院和老年文体活动场所等设施,开展适合老年人的文化、体育以及娱乐活动,丰富老年人的精神文化生活,以便实现老有所乐的福利目标。

(4) 其他福利。

国家保护老年人依法享有的合法权益。老年人因合法权益受到侵害而起诉时,可以优先受理;对于缴纳诉讼费有困难的,可以申请缓交或减免;对于需要聘请律师但无法支付律师费的,可以申请法律援助。各地政府还根据自身的经济条件,对老年人乘坐公共交通工具、参观和旅游等方面给予照顾和优待。另外,积极发展社区服务,建立老年人生活服务、疾病护理与康复等设施和网点。为老年人提供全方位的服务,以便满足老年人的需求。

第四章
劳动和劳动合同法律制度

本章知识重点提示
➢ 劳动者的权利与义务
➢ 劳动合同的订立
➢ 劳动合同的效力
➢ 劳动合同的变更
➢ 劳动合同的解除

一、填空题

1. 广义的劳动关系既包括_____；也包括_____。

2. 与劳动关系密切联系的其他社会关系又称为_____。

3. 在录用职工时，除国家规定的不适合妇女的工种或者岗位外，不得以_____拒绝录用妇女或者_____。

4. 劳动安全权是指劳动者在劳动的过程中_____和_____受法律保护的权利。

5. 国家实行劳动者每日工作时间不超过_____小时、平均每周工作时间不超过_____小时的工时制度。

6. 劳动者连续工作1年以上的，享受_____。

7. 用人单位应当建立_____，按照国家规定提取和使用_____，根据本单位实际，有计划地对_____。

8. 劳动者在_____、_____、_____、_____或者_____、_____、_____，依法享受社会保险待遇。

9. 劳动者死亡后，其遗属依法享受_____。

10. 劳动者应当遵守_____和_____。

二、单项选择题

1. 根据《劳动法》和《劳动合同法》的规定，用人单位包括法定用人单位和视同为用人单位两种情形。其中，视同为用人单位包括（　　）等组织。
   A. 中华人民共和国境内的企业　　B. 个体经济组织
   C. 民办非企业单位　　　　　　　D. 国家机关

2. 用人单位支付劳动者的工资不得（　　）当地最低工资标准。

A. 高于　　　　　B. 等于　　　　　C. 低于　　　　　D. 高于或等于

3. 《劳动法》第38条规定,用人单位应当保证劳动者每周至少休息(　　)日。
A. 0.5　　　　　B. 1　　　　　　C. 1.5　　　　　D. 2

4. 劳动争议发生后,当事人一方要求仲裁的,可以向(　　)申请仲裁。
A. 本单位劳动争议调解委员会　　　B. 工会
C. 劳动争议仲裁委员会　　　　　　D. 人民法院

5. 企业职工一方与企业可以就劳动报酬、工作时间、休息休假、劳动安全卫生、保险福利等事项,签订(　　)。
A. 集体合同　　　B. 劳动合同　　　C. 协议　　　　　D. 特殊协议

6. 用人单位有权了解劳动者与劳动合同直接相关的基本情况,劳动者(　　)。
A. 可以如实说明　　　　　　　　　B. 可以不予回答
C. 可以拒绝说明　　　　　　　　　D. 应当如实说明

7. 用人单位自用工之日起满(　　)年不与劳动者订立书面劳动合同的,视为用人单位与劳动者已订立无固定期限劳动合同。
A. 1　　　　　　B. 2　　　　　　C. 3　　　　　　D. 4

8. 劳动者违反竞业限制约定的,应当按照约定向用人单位支付(　　)。
A. 赔偿金　　　　B. 违约金　　　　C. 补偿金　　　　D. 定金

9. 用人单位与劳动者协商一致,可以变更劳动合同约定的内容。变更劳动合同,(　　)。
A. 应当采用书面形式　　　　　　　B. 可以采用书面形式
C. 可以采用口头形式　　　　　　　D. 口头和书面形式均可

10. 劳动者在试用期内提前(　　)日通知用人单位,可以解除劳动合同。
A. 1　　　　　　B. 2　　　　　　C. 3　　　　　　D. 4

三、多项选择题

1. 根据《劳动法》和《劳动合同法》的规定,用人单位包括法定用人单位和视同为用人单位两种情形。其中,法定用人单位包括(　　)等组织。
A. 中华人民共和国境内的企业　　　B. 个体经济组织
C. 民办非企业单位　　　　　　　　D. 国家机关
E. 事业单位

2. 下列内容属于劳动合同必备条款的是(　　)。
A. 试用期
B. 劳动者的姓名、住址和居民身份证或者其他有效身份证件号码
C. 劳动合同期限
D. 工作内容和工作地点
E. 工作时间和休息休假

3. 劳动合同根据期限可以分为(　　)。
A. 固定期限劳动合同
B. 无固定期限劳动合同
C. 以完成一定工作任务为期限的劳动合同
D. 约定试用期的合同

E. 口头约定期限的劳动合同

4. 用人单位与劳动者协商一致，可以订立无固定期限劳动合同。有(　　　)情形之一，劳动者提出或者同意续订、订立劳动合同的，除劳动者提出订立固定期限劳动合同外，应当订立无固定期限劳动合同。

A. 劳动者在该用人单位连续工作满10年的

B. 用人单位初次实行劳动合同制度或者国有企业改制重新订立劳动合同时，劳动者在该用人单位连续工作满10年且距法定退休年龄不足10年的

C. 连续订立二次固定期限劳动合同，且劳动者没有《劳动合同法》第39条和第40条第一项、第二项规定的情形，续订劳动合同的

D. 劳动者在该用人单位连续工作满15年的

E. 劳动者在该用人单位连续工作满20年的

5. 商业秘密是指不为公众所熟悉，能为用人单位带来经济利益，具有实用性，并经用人单位采取保密措施的(　　　)。

A. 技术信息　　　B. 经营信息　　　C. 专利技术　　　D. 小发明

E. 实用新型专利

6. 竞业限制的人员限于(　　　)。

A. 所有员工　　　　　　　　　　B. 用人单位的高级管理人员

C. 用人单位的高级技术人员　　　D. 与执行技术有关的人员

E. 其他负有保密义务的人员

7. 劳动者对劳动合同的预告解除包括(　　　)。

A. 劳动者提前30日以书面形式通知用人单位，可以解除劳动合同

B. 劳动者在试用期内提前3日通知用人单位，可以解除劳动合同

C. 用人单位未按照劳动合同约定提供劳动保护或者劳动条件的

D. 用人单位未及时、足额支付劳动报酬的

E. 用人单位未依法为劳动者缴纳社会保险费的

8. 劳动者不提前通知用人单位就可以单方面解除劳动合同的情形有(　　　)。

A. 劳动者提前30日以书面形式通知用人单位，可以解除劳动合同

B. 劳动者在试用期内提前3日通知用人单位，可以解除劳动合同

C. 用人单位未按照劳动合同约定提供劳动保护或者劳动条件的

D. 用人单位未及时足额支付劳动报酬的

E. 用人单位未依法为劳动者缴纳社会保险费的

9. 《劳动合同法》第44条规定，有(　　　)情形之一的，劳动合同终止。

A. 劳动合同期满的

B. 劳动者开始依法享受基本养老保险待遇的

C. 劳动者死亡，或者被人民法院宣告死亡或者宣告失踪的

D. 用人单位被依法宣告破产的

E. 用人单位被吊销营业执照、责令关闭、撤销或者用人单位决定提前解散的

10. (　　　)属于劳动者的权利。

A. 工作平等权　　B. 劳动安全权　　C. 劳动报酬权　　D. 休息权

E. 职业培训权

四、判断题

1. 广义的劳动关系既包括劳动者在集体劳动过程中与其他劳动者或者其他组织之间产生的关系，也包括劳动者在实现集体劳动过程中与所在用人单位之间发生的关系。（　）

2.《劳动法》是我国社会主义法律体系中的重要组成部分，但它不是一个独立的法律部门。（　）

3. 用人单位与劳动者订立劳动合同，建立劳动关系，是双方双向选择的结果，因此，在大部分情况下，二者之间在根本利益上是不一致的。（　）

4.《劳动法》规定劳动者享有平等就业和选择职业的权利，明确劳动关系供求双方以及劳动中介机构的法律地位，使得劳动关系主体的行为能力和责任能力得到了保证。（　）

5. 在录用职工时，除国家规定的不适合妇女的工种或者岗位外，可以以性别为由拒绝录用妇女或者提高对妇女的录用标准。（　）

6. 用人单位必须建立、健全劳动安全卫生制度，严格执行国家劳动安全卫生规程和标准，对劳动者进行劳动安全卫生教育，防止劳动过程中的事故，减少职业危害。（　）

7. 劳动者劳动之外的其他时间是属于自己可以自由进行支配的时间，用人单位不得非法占用。劳动者在工作日内、工作日间、公休假日以及法定节假日都享有休息权。（　）

8. 国家实行劳动者每日工作时间不超过 8 小时、平均每周工作时间不超过 48 小时的工时制度。（　）

9. 国家实行带薪年休假制度。劳动者连续工作 2 年以上的，享受带薪年休假。具体办法由国务院规定。（　）

10.《劳动法》第 70 条规定，国家发展社会保险事业，建立社会保险制度，设立社会保险基金，使劳动者在年老、患病、工伤、失业、生育等情况下获得帮助和补偿。（　）

11. 建立劳动关系，应当订立书面劳动合同。已建立劳动关系，未同时订立书面劳动合同的，应当自用工之日起 3 个月内订立书面劳动合同。用人单位与劳动者在用工前订立劳动合同的，劳动关系自用工之日起建立。（　）

12. 劳动合同期限 3 个月以上不满一年的，试用期不得超过 2 个月。（　）

13. 劳动者在试用期的工资不得低于本单位相同岗位最低档工资或者劳动合同约定工资的 80%，并不得低于用人单位所在地的最低工资标准。（　）

14. 用人单位初次实行劳动合同制度或者国有企业改制重新订立劳动合同时，劳动者在该用人单位连续工作满 10 年且距法定退休年龄不足 10 年的，应当订立无固定期限的劳动合同。（　）

15. 用人单位与劳动者可以在劳动合同中约定保守用人单位的商业秘密和与知识产权相关的保密事项。对负有保密义务的劳动者，用人单位可以在劳动合同或者保密协议中与劳动者约定竞业限制条款，并约定在解除或者终止劳动合同后，在竞业限制期限内按年给予劳动者经济补偿。（　）

五、名词解释

1. 广义的劳动法
2. 劳动报酬权

3. 劳动合同
4. 选择性条款

六、简答题
1. 简述劳动者的义务。
2. 简述劳动合同的必备条款。
3. 简述劳动合同无效的情形。
4. 简述劳动合同解除的概念和特征。

七、论述题
1. 试述用人单位单方面解除劳动合同的情形。
2. 试述劳动合同中的保守商业秘密和竞业限制条款。

八、案例分析题
1. 2013年3月,杨某入职并与某制造公司签订劳动合同及岗位责任书,合同、岗位责任书均明确约定杨某的岗位为车间生产。其中,《劳动合同书》约定:"乙方同意根据本人技能情况,服从甲方的岗位调整和安排。"同年12月,该制造公司职工代表大会决议通过了《员工守则》,具体条款张贴在该公司的公示栏处,并经公证机关公证。《员工守则》对严重违反劳动纪律的处罚规定:"员工在与公司存在劳动关系期间1月内累计旷工5天或连续旷工5天以上者,公司可解除劳动合同并不支付经济补偿金。"2016年3月,杨某所在车间因该公司生产所需关闭。制造公司将杨某从原车间调往另一车间工作,岗位仍为生产。杨某在领取新的门禁卡后,未再上班。之后,制造公司依据双方签订的劳动合同和《员工手册》的相关规定将杨某除名,并将处理结果书面告知职工代表大会。之后,杨某以制造公司违法解除劳动合同为由,向劳动人事争议仲裁委员会申请仲裁,要求制造公司向其支付违法解除劳动合同赔偿金。仲裁委驳回杨某的仲裁请求。杨某不服向法院起诉。

请问:某制造公司解除劳动合同是否违法?是否应支付经济补偿金?

2. 王某于2016年4月应聘到某公司工作,双方签订了书面劳动合同,就合同期限、工作内容、工资标准等进行了约定。某公司未依法为王某缴纳工伤保险。2016年5月13日,王某在工作过程中因遭遇交通事故受伤,交警部门认定王某无责任,对方负全责。王某受伤当日被送到医院救治,被诊断为左侧股骨粗隆间及转子下粉碎性骨折,并于2016年6月1日出院。2016年8月3日,人力资源和社会保障局作出《认定工伤决定书》,认定王某所受伤害为工伤。2016年10月18日,劳动能力鉴定委员会作出《劳动能力鉴定结论书》,评定王某工伤致残程度为九级。2016年11月21日,王某向劳动人事争议仲裁委员会申请劳动争议仲裁,请求解除与某公司的劳动关系并要求某公司向其支付一次性伤残补助金、一次性工伤医疗补助金等工伤保险待遇共计134 885.8元。2017年5月18日,劳动人事争议仲裁委员会作出《仲裁裁决书》,裁决:"1. 确认双方解除劳动关系;2. 某公司在裁决书生效之日起5日内一次性向王某支付工伤待遇共计130 614.8元。"某公司对该仲裁裁决不服,以王某所受伤害系交通事故中第三人造成,且王某已从第三人处获赔十万余元为由向法院起诉,诉请判决不支付王某工伤保险待遇。

请问:某公司的请求能否获得支持?

3. 2006年3月,施某与甲公司订立经营用房装修协议,约定由施某负责组织人员施工,装修费用为50万元。装修过程中除装修材料外的所有费用一律由施某自付,施工过程中出现任何安全问题,均由施某自行承担,甲公司不承担任何责任。订立协议后,施某即组织人员施工。4月1日,陈某在接受施某指派从事高处作业时摔伤,造成8级伤残,发生各项损失65 000元。

请问:(1)陈某索赔应以谁为被告?为什么?

(2)施某与甲公司之间是否存在劳动关系?为什么?

(3)陈某为维护自己的合法权益,是否需申请劳动仲裁?为什么?

(4)假设陈某接受劳务派遣公司指派为甲公司从事装修工作,按照《劳动合同法》的规定,陈某与哪个单位建立了劳动关系?陈某的劳动合同期限最短为多长时间?如果陈某在劳动合同期间内无工作,能够获得的待遇如何?

参 考 答 案

一、填空题

1. 劳动者在集体劳动过程中与其他劳动者或者其他组织之间产生的关系　劳动者在实现集体劳动过程中与所在用人单位之间发生的关系

2. 劳动附随关系

3. 性别为由　提高对妇女的录用标准

4. 身体健康　生命安全

5. 8　44

6. 带薪年休假制度

7. 职业培训制度　职业培训经费　劳动者进行职业培训

8. 退休　患病　负伤　因工伤残　患职业病　失业　生育

9. 遗属津贴

10. 劳动纪律　职业道德

二、单项选择题

1. D　2. C　3. B　4. C　5. A　6. D　7. A　8. B　9. A　10. C

三、多项选择题

1. ABC　2. BCDE　3. ABC　4. ABC　5. AB　6. BCE　7. AB　8. CDE　9. ABCDE
10. ABCDE

四、判断题

1. 正确　2. 错误　3. 错误　4. 正确　5. 错误　6. 正确　7. 正确　8. 错误　9. 错误
10. 正确　11. 错误　12. 错误　13. 正确　14. 正确　15. 错误

五、名词解释

1. 广义的劳动法:是指调整劳动关系以及与劳动关系有密切关系的其他社会关系的法律规范的总称。

2. 劳动报酬权：是指劳动者在劳动关系中因付出劳动而向用人单位领取一定数量货币的权利。

3. 劳动合同：是指劳动者与用人单位确立劳动关系、明确双方权利和义务的协议。

4. 选择性条款：是指当事人可以选择在劳动合同中约定的条款。

六、简答题

1. 简述劳动者的义务。

答：劳动者的义务如下：

（1）积极参与劳动任务。

劳动者在享有《劳动法》规定的权利的同时，也应积极履行《劳动法》规定的义务。我国《劳动法》第3条规定，劳动者应当完成劳动任务。

（2）不断提高劳动技能。

我国《劳动法》第3条规定，劳动者应当提高劳动技能。从事任何一项生产经营活动，都需要劳动者具备相应的劳动技能。

（3）认真执行劳动安全卫生规程。

我国《劳动法》第3条规定，劳动者应当执行劳动安全卫生规程。《劳动法》第56条规定，劳动者在劳动过程中必须严格遵守安全操作规程。

（4）严格遵守劳动纪律和职业道德。

我国《劳动法》第3条规定，劳动者应当遵守劳动纪律和职业道德。这一规定表明，遵守劳动纪律和职业道德是劳动者应尽的义务。

（5）法律规定的其他义务。

除了上述义务之外，劳动者还有保守商业秘密、缴纳社会保险费等义务。

2. 简述劳动合同的必备条款。

答：我国《劳动合同法》第17条第1款规定，劳动合同应当具备的内容包括：用人单位的名称、住所和法定代表人或者主要负责人；劳动者的姓名、住址和居民身份证或者其他有效身份证件的号码；劳动合同期限；工作内容和工作地点；工作时间和休息休假；劳动报酬；社会保险；劳动保护、劳动条件和职业危害防护；法律、法规规定应当纳入劳动合同的其他事项。

3. 简述劳动合同无效的情形。

答：劳动合同的无效是指劳动合同因欠缺法律规定的条件而不具备约束力。《劳动合同法》第26条规定，下列劳动合同无效或者部分无效：（1）以欺诈、胁迫的手段或者乘人之危，使对方在违背真实意思的情况下订立或者变更劳动合同的；（2）用人单位免除自己的法定责任、排除劳动者权利的；（3）违反法律、行政法规强制性规定的。

4. 简述劳动合同解除的概念和特征。

答：劳动合同的解除，是指当事人双方提前终止劳动合同的法律效力，解除双方的权利义务关系。劳动合同的解除具有四个特征：（1）劳动合同解除是劳动合同效力的提前终止；（2）用人单位解除劳动合同受到严格限制；（3）劳动者解除劳动合同的条件比较宽松；（4）基于客观情况由劳动者和用人单位作出主观选择是劳动合同解除的法定条件。

七、论述题

1. 试述用人单位单方面解除劳动合同的情形。

答：用人单位单方面解除合同的情形包括以下三种情况。

(1) 用人单位对劳动合同的即时解除。

这种情况是指在劳动者有过错的情况下，用人单位不提前预告劳动者就可以解决劳动合同。《劳动合同法》第39条规定，劳动者有下列情形之一的，用人单位可以解除劳动合同：① 在试用期间被证明不符合录用条件的；② 严重违反用人单位的规章制度的；③ 严重失职，营私舞弊，给用人单位造成重大损害的；④ 劳动者同时与其他用人单位建立劳动关系，对完成本单位的工作任务造成严重影响，或者经用人单位提出，拒不改正的；⑤ 因《劳动合同法》第26条第1款第1项规定的情形致使劳动合同无效的；⑥ 被依法追究刑事责任的。

(2) 用人单位对劳动合同的预告解除。

预告解除适用于劳动过程中劳动者劳动能力发生变化或者是合同订立时所依据的客观情况发生变化的情况下。《劳动合同法》第40条规定，有下列情形之一的，用人单位提前30日以书面形式通知劳动者本人或者额外支付劳动者一个月工资后，可以解除劳动合同：① 劳动者患病或者非因工负伤，在规定的医疗期满后不能从事原工作，也不能从事由用人单位另行安排的工作的；② 劳动者不能胜任工作，经过培训或者调整工作岗位，仍不能胜任工作的；③ 劳动合同订立时所依据的客观情况发生重大变化，致使劳动合同无法履行，经用人单位与劳动者协商，未能就变更劳动合同内容达成协议的。

(3) 用人单位经济性裁员。

用人单位在经营过程中由于主客观原因的需要会调整用人方案。《劳动合同法》第41条第1款规定，有下列情形之一，需要裁减人员20人以上或者裁减不足20人但占企业职工总数10%以上的，用人单位提前30日向工会或者全体职工说明情况，听取工会或者职工的意见后，裁减人员方案经向劳动行政部门报告，可以裁减人员：① 依照企业破产法规定进行重整的；② 生产经营发生严重困难的；③ 企业转产、重大技术革新或者经营方式调整，经变更劳动合同后，仍需裁减人员的；④ 其他因劳动合同订立时所依据的客观经济情况发生重大变化，致使劳动合同无法履行的。

2. 试述劳动合同中的保守商业秘密和竞业限制条款。

答：商业秘密是指不为公众所熟悉，能为用人单位带来经济利益，具有实用性，并经用人单位采取保密措施的技术信息和经营信息。保守商业秘密是劳动者的法定义务。知悉商业秘密的劳动者，无论在用人单位工作期间还是离开用人单位以后都需要保守商业秘密。《劳动合同法》第23条第1款规定，用人单位与劳动者可以在劳动合同中约定保守用人单位的商业秘密和与知识产权相关的保密事项。

竞业限制条款通常是出于维护用人单位利益而制定的，合同中类似条款往往直接或间接对劳动者的权利有所损害，因此，法律要求用人单位与劳动者有竞业限制约定的，应当同时与劳动者约定在劳动合同终止或解除劳动合同时向劳动者支付竞业限制的经济补偿。《劳动合同法》第23条第2款规定，对负有保密义务的劳动者，用人单位可以在劳动合同或者保密协议中与劳动者约定竞业限制条款，并约定在解除或者终止劳动合同后，在竞业限制期限内按月给予劳动者经济补偿。劳动者违反竞业限制约定的，应当按照约定向用人单位支付违约金。《劳动合同法》第24条规定，竞业限制的人员限于用人单位的高级管理人员、高级技术人员和其他负有保密义务的人员。竞业限制的范围、地域、期限由用人单位与劳动者约定，竞业限制的约定不得违反法律、法规的规定。在解除或者终止劳动合同后,前款规定的人员到与本单位生产或者经营同类产品、从事同类业务的有竞争关系的其他用人单位,或者自己开业生产或者经营同类产品、从事同类业务的竞业限制期限,不得超过2年。

八、案例分析题

案例1 答:某制造公司解除劳动合同的行为合法,无需支付经济补偿金。理由如下:制造公司确有因生产需要车间停产、工段逐步关闭的客观原因,将杨某从原车间调往其他车间的事实。首先,双方签订的《劳动合同书》有明确约定,即"乙方同意根据本人技能情况,服从甲方的岗位调整和安排。"双方签订的《岗位合同书》也明确约定杨某担任工作岗位为生产。即,根据双方签订的《劳动合同书》《岗位责任书》,制造公司有根据约定合理调整杨某工作岗位的权利;其次,杨某原岗位虽与新岗位不完全相同,但均为生产岗位,与《岗位责任书》的载明一致,且该案并无证据证明上述岗位在工作量等方面存在重大区别。综上,制造公司因生产经营的客观需要,根据双方签订的《劳动合同书》《岗位责任书》约定,调整杨某岗位系合理调整。杨某以此为由拒不到岗也不到单位的行为应认定为旷工。制造公司向法院提交的《员工守则》对严重违反劳动纪律的情形、处罚作了明确规定,且根据制造公司向法院提交的《职工代表大会决议》、公证书等,能够证明该《员工手册》系制造公司依照法定程序制定并向员工公示。因此,制造公司根据杨某连续旷工的事实,根据《员工手册》相关规定解除与杨某的劳动合同具有事实依据和制度依据,系合法解除与杨某的劳动合同。制造公司无须支付杨某违法解除劳动合同赔偿金。

案例2 答:某公司的请求不能获得支持。理由如下:《中华人民共和国社会保险法》第36条第1款规定:"职工因工作原因受到事故伤害或者患职业病,且经工伤认定的,享受工伤保险待遇;其中,经劳动能力鉴定丧失劳动能力的,享受伤残待遇。"即,职工享受相关工伤保险待遇的条件仅为所受伤害被依法确认为工伤。《最高人民法院关于审理人身损害赔偿案件适用法律若干问题的解释》第12条第2款规定:"因用人单位以外的第三人侵权造成劳动者人身损害,赔偿权利人请求第三人承担民事赔偿责任的,人民法院应予支持。"《最高人民法院关于审理工伤保险行政案件若干问题的规定》第8条第3款规定:"职工因第三人的原因导致工伤,社会保险经办机构以职工或者其近亲属已经对第三人提起民事诉讼为由,拒绝支付工伤保险待遇的,人民法院不予支持,但第三人已经支付的医疗费用除外。"上述司法解释条款的内容表明,在第三人侵权导致工伤事故发生的情况下,除医疗费外,职工享有同时请求工伤保险待遇和向第三人主张侵权赔偿的权利。该案中,王某的伤情被依法认定为工伤,并经劳动能力鉴定委员会鉴定为九级伤残,故王某应按九级伤残的标准享受工伤保险待遇。因某公司未为王某购买工伤保险,故王某的工伤保险待遇应由公司向其支付。某公司不支付王某工伤保险待遇的请求不能获得支持。

案例3 答:(1)陈某索赔应以施某为被告,因其与施某存在法律上的劳动关系。

(2)不存在。施某与甲公司之间存在的是工程施工合同,是民事关系,不属于《劳动法》规定的劳动法律关系。

(3)施某与陈某如达成协议赔偿各项损失,则陈某无需申请劳动仲裁;如无法达成协议,陈某则需申请仲裁。

(4)《劳动合同法》规定:"劳务派遣单位是本法所称用人单位,应当履行用人单位对劳动者的义务。劳务派遣单位应当与被派遣劳动者订立两年以上的固定期限劳动合同,按月支付劳动报酬;被派遣劳动者在无工作期间,劳务派遣单位应当按照所在地人民政府规定的最低工资标准,向其按月支付报酬。"综上所述,在劳务派遣情况下,陈与劳务派遣公司建交了劳动关系;陈某的劳动合同期限最短应为 2 年固定期;如果陈某在合同劳动期限内无工作,能够获得当地人民政府规定的最低工资标准的待遇。

图书在版编目(CIP)数据

经济法概论习题集/焦娇主编. —2 版. —上海:复旦大学出版社,2022.9(2024.1 重印)
ISBN 978-7-309-16362-9

Ⅰ.①经⋯ Ⅱ.①焦⋯ Ⅲ.①经济法-中国-习题集 Ⅳ.①D922.290.4

中国版本图书馆 CIP 数据核字(2022)第 150444 号

经济法概论习题集(第二版)
焦　娇　主编
责任编辑/张　炼

复旦大学出版社有限公司出版发行
上海市国权路 579 号　邮编:200433
网址:fupnet@fudanpress.com　http://www.fudanpress.com
门市零售:86-21-65102580　团体订购:86-21-65104505
出版部电话:86-21-65642845
常熟市华顺印刷有限公司

开本 787 毫米×1092 毫米　1/16　印张 12.25　字数 298 千字
2024 年 1 月第 2 版第 4 次印刷

ISBN 978-7-309-16362-9/D・1129
定价:45.00 元

如有印装质量问题,请向复旦大学出版社有限公司出版部调换。
版权所有　　侵权必究